神回覆！一開口就讓人SAY YES

指導超過3萬人
竹內幸子——著
克蘿夫人——譯

前言

一句話，讓人火大或感謝，將決定溝通成敗！

觀看總是一人不斷耍笨、製造笑點，而另一人進行吐槽的雙人相聲，是一件十分有趣的事吧！其實，雙人相聲是要有一方負責吐槽而另一方負責耍笨，才能夠成立的。

仔細想想，在我們的生活周遭中，也常常會出現類似雙人相聲的場景，例如：在主管與部屬之間、先生與太太之間、媳婦和婆婆之間、店家與顧客之間等等，差別在於這些發生在真實生活中的情景實在讓人笑不出來，因為有時候明明是一場很認真的談話，卻話不投機；有時候只是說錯一句話，就惹火了對方。

當我還是一個剛站上講台不久的新手講師時，就曾經發生過這樣一件事——我的一句話惹惱了參加研習的學員。

那是一堂產險公司理賠中心的培訓課程，目的是要讓派遣人員學習電話的應對進退。就在其中一名女學員的應對練習結束後，我給了她這樣的建議：「問的問題都很確實，但態度冷淡。」霎時間，這位女學員的臉色一沉，眼眶盈滿淚水，直視著我說：「你憑什麼這麼說？」我當下馬上回應：「對不起，我不是有意的……」但覆水難收，那位女學員哭著走出了研習教室。

我的一句話傷了她的自尊，瞬間惹惱了她。而這個發生在19年前的教訓，成為我執著於「說話方式」的起點。

從那一天起，我開始鑽研說話的方式。舉凡電話客服中心接到客訴、部屬向主管報告、主管交付部屬工作、開會時的發言、在咖啡廳中的閒聊等等，我思考了身處在各種情境、各種場合時的說話之道。

不過，我也曾經有過一句話讓人感激不已的經驗。

有位學員一直深受自己跟主管間的相處問題所困擾，他無法忍受主管的漫罵，不能理解為什麼自己會被主管罵到狗血淋頭。他痛苦難熬到生氣落淚，壓力大到天天都想要辭職，但是後來他告訴了我一個好消息：「當時竹內老師您給了我一些建議，告訴我誰都會有討厭的人，不必勉強自己去喜歡那個人，該珍惜的是自己！我因而重新審視自己跟主管之間的關係。」

我現在的工作是在電話客服中心指導如何處理客訴問題，電話客服中心經常會將客服人員與顧客的對話錄下來，剛好可以讓我應用在教學上。工作上的這個特性，讓我有幸一年可以聽到大約五百件的客服與顧客間的真實對話。

有時候，顧客聽起來像是氣到失去理智，但其實對方所客訴的內容往往直指問題核心。「顧客要問的不是這個啦！」「不知道就去查啊！」「一直打太極是怎樣啊？」「說這些專有名詞誰聽得懂啊！」「看吧，顧客發火了吧！」我常常一邊聽著客服錄音檔，一邊在心中冒出這樣的獨白。

其實就我所知，**人際關係跟工作都很順利的人，總是會有意識地說出讓人感謝的話；而人際關係跟工作都不大好的人，說的話往往會在無意間惹火他人。**差一點真的就差很多！多可惜啊，說話的方式真的會影響你的一生。

在讀者之中，有些人可能正準備面對新的環境或生活，當環境和扮演的角色改變時，周遭的人際關係也會跟著轉變，也許你的身邊會出現一些令人難以想像的怪咖，或是讓你覺得害怕、難搞的人，而且說不定他們還會造成你的困擾。

我不會說出「你該改改你的個性」這種話，但只要在說話的方式上多下點功夫，改變想法和看法，你就能跟對方相處融洽。如此一來，諸事順遂，人生也會變得精彩豐富。

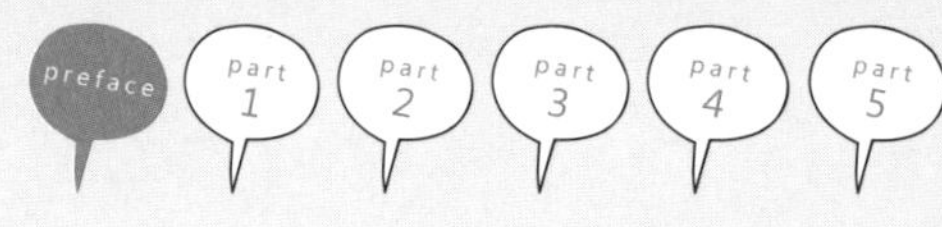

本書預想了主管與部屬、顧客與客服、先生與太太、母親與小孩等等之間的種種可能，希望能傳授各位具體實用的說話方式，但願讀者能一天練習一句，則萬幸矣。

我衷心期盼這是一本能夠豐富你人生的「話術指南」。

竹内幸子

Contents

Part 3

一句話惹毛〇〇

戒掉扣分句，別再一開口就惹人生氣！

熟記各類型加分句

教你搞定老闆、同事或客戶，萬事皆無往不利

Part
5

神回覆！把「憤怒」變「感動」

掌握這些訣竅，説話能力迅速UP！

Part 1

感謝 VS.
火冒三丈

對話的成功與否，
取決於「期望」
與「現實」的落差

1. 找出讓對方滿意的應對關鍵

你也有溝通上的困擾嗎？

「老是無法順利和別人溝通。」

「顧客突然間就生氣了。」

「孩子之間相處融洽，但我卻無法打入媽媽圈。」

「一大早就被主管罵個臭頭。」

「客訴電話又臭又長，煩死人了。」

「做了好幾年的業務，還是不知道拜訪客戶時該怎麼開場。」

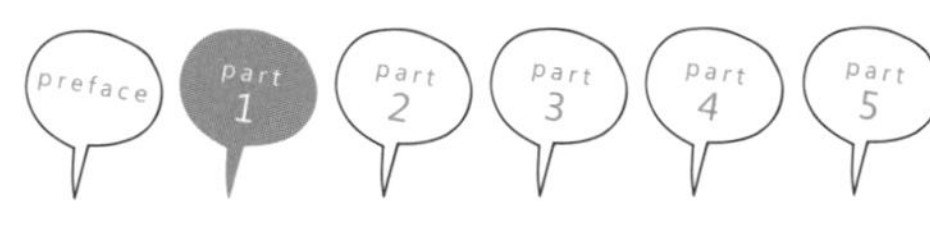

煩惱日常對話的人很多，每每看到別人口若懸河，總是欣羨不已，而這樣的經驗其實每個人都有。不用特別擔心，**只要弄懂對話的結構和訣竅，學會換個說法，牢記一些可以讓雙方自在愉快地談話的加分金句，人人都能成為溝通達人。**

在開始介紹之前，讓我們先來想想：對話中的人與人是什麼樣的關係呢？

符合對方的期望，就能順利對話

第17頁是我專門用來解釋客服應對關係的圖表，不過這不僅針對客服應對，也適用於一般人際關係中的對話溝通。

一般來說，前來客訴的人大多是因為「期望」與「現實」不符，也就是心中所預期的和實際情況有落差。舉例來說，顧客購買某項家電時，心中期待使用這項商品後，會變得輕鬆省事。其實店家也一樣，消費者的一句「真的很方便、很省事」、「這項家電很省電」，也會讓店家感到開心。

倘若這份期望能被完整地轉換成現實，期望與現實之間就能畫上等號，讓顧客感到滿意，也讓店家產生「感謝顧客來店消費」的滿足感。而這就是讓顧客感到滿意的基本條件。

對話也是一樣的，**只要期望與現實能畫上等號，對話就能順利進行**，因為對於溝通的雙方而言，這就是能讓彼此滿意的對話。不過，實際上可沒這麼簡單，經常是期望越高，失望越大。

客服應對關係與溝通

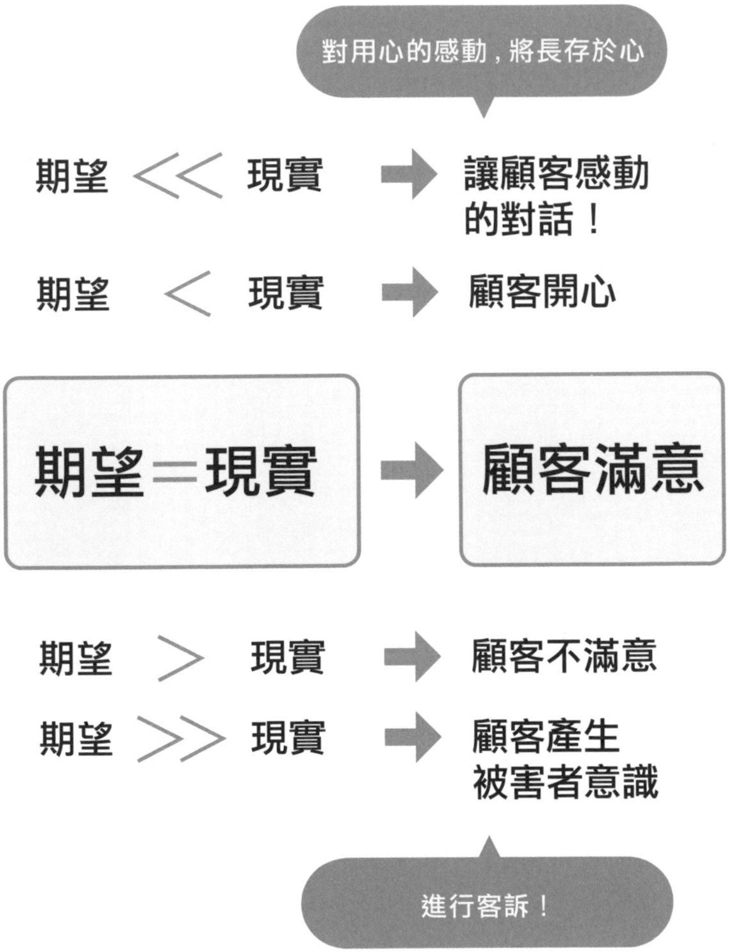

對用心的感動，將長存於心

期望 << 現實 → 讓顧客感動的對話！

期望 < 現實 → 顧客開心

期望＝現實 → 顧客滿意

期望 > 現實 → 顧客不滿意

期望 >> 現實 → 顧客產生被害者意識

進行客訴！

2. 不安與不滿，形成「被害者意識」

在顧客滿意的關係中，顧客的期望值往往會比較高，也就容易形成「**期望**」與「**現實**」有落差的局面。當顧客期望過高時，就會產生「什麼啊？這東西也不怎麼樣嘛！」的不滿與不安，不但無法讓顧客滿意，顧客還可能是極度不滿。而且當期待與現實的差距過大時，就會產生「我一定要抱怨」的客訴行動。

而在日常對話中，也常有類似的場景。當與你交談的對象無法從彼此的對話中得到滿足時：

「說了也是白說！」

「根本就是話不投機嘛！」

換言之，當對這場談話的期望高於現實時，就會產生不滿的心情，並且得出「跟這人講話超沒意思的！」的結論。

火大是被害者意識的一種表現

而當期待與現實的差距大到一個程度，也就是**落差過大時，顧客的不滿就會爆發**。通常是提供商品服務的那一方無法達到顧客的要求，或是應對不用心及造成失誤等，隨之而來的則是嚴詞厲色的客訴：

「你們怎麼會賣這種東西呢？」

「你們的服務品質越來越差了！」

此時，顧客會突然暴跳如雷、火冒三丈，不停的發牢騷。至於是什麼樣的因素導致客訴，老實說，每個個案的情況都不盡相同。那麼這些客訴的人會產生什麼樣的情緒反應呢？其中之一就是「**被害者意識**」，包括：吃虧、失望、怨懟、不甘心、不開心等等，會用不同的型態表現出被害者意識。

有時顧客的語氣本來還算淡定，結果卻因店家漠不關心的回應，導致顧客最後勃然變色，像這樣的情況也很常見：

「這是什麼冷淡的態度嘛！」

「什麼以客為尊，根本是欺人太甚！」

溝通也有類似的部分，即便沒有表現出來，卻仍期待從雙方的交談過程中獲得滿足，如果對話與期待沒有對等，或是與預期落差太大、令人失望的話，對方就會打從心底萌生「吃虧、失望、沒意思、不開心」等被害者意識。

「你在說什麼啊？」

「啥？超火大的！」

因而感到傻眼或火大的人也不少。

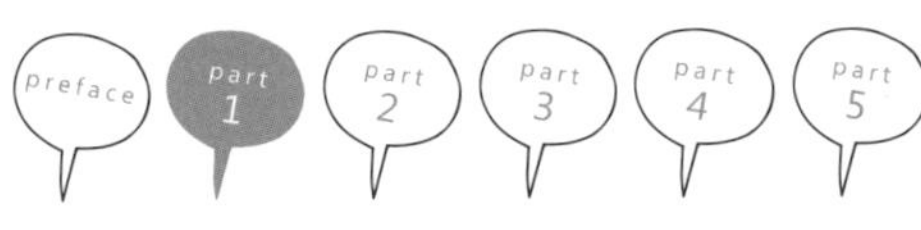

傑出的客訴處理案例

以下是發生在隱形眼鏡公司的客訴案例。顧客因為購買到不良的隱形眼鏡而要求退貨，但公司希望能以換貨代替退貨，以致於雙方僵持不下。

客服人員想要先跟顧客確認是在哪間店購買的，顧客卻因此怒火中燒，說道：「你現在是在質疑我根本沒買嗎？我沒辦法跟你溝通，叫你們負責人出來。」

後來換了負責人接手，負責人僅先報上自己的名字，詢問客訴的內容及重複顧客的要求，並且針對部屬解釋不清這件事向顧客表達歉意。到此為止，負責人完全沒有提到任何有關退貨或換貨的字眼。

「您好，我是負責人，敝姓○，對於您這次購買到不良的隱形眼鏡，造成您的不便，我們深感抱歉。」

「不好意思，可以請問您大致的情況嗎？」

「剛剛那位員工突然要求您告知購買店家的這個程序，是我們員工沒有解釋清楚，造成顧客您對本公司觀感不佳，十分抱歉。」

「本公司不會向顧客要求購買證明，而是為了要確認那家店是否還有其他不良品，所以才會跟顧客確認購買店家，希望您能寬心。」

「剛剛那個人沒說啊！」「我覺得好像是要叫我拿出證明。」「我一直都用你們的產品，這種事我還是第一次碰到！」遭到顧客抱怨連番轟擊的負責人，只是溫順地不斷回應著「這樣啊！」來穩定顧客的情緒。

一旦顧客開始吐出心中的不快，就是打開心房的開始。察覺到顧客不再憤怒的負責人，總算是回到談判桌上，也才真正進入到解決退款或換貨問題的階段。

最後，負責人說：「感謝您長期支持本公司的產品，衷心希望您能繼續愛用本公司的產品，因此還是希望能跟您確認商品無誤後，更換新的給您，也非常抱歉造成您的不愉快。」

而顧客也十分羞赧的道歉：「不好意思，我剛剛太情緒化了。」

這場對話最終是以顧客爽快的答應換貨作為結束。

這個例子告訴我們，要想解開對方發怒時心中的千千結，傾聽有多麼的重要！

口才再好，也比不上聽懂對方問題的癥結更能順利解決問題。

3. 讓滿意升級為喜悅與感動

在一段對話中，期望可能與現實的感受一致，也可能會出現現實低於期望的狀況，也會發生現實超過期望的情形。

當顧客感受到的服務超過自己原本的期望時，即代表達到「顧客滿意」而讓顧客產生喜悅及感動的心情。

例如，當家電用品或保險得到超乎顧客預期的效果時，就會讓顧客產生「太有用了、太好了、幫了大忙」的心情，這樣的心情就會讓人給出「太讚了」的評價，而溝通其實也是大同小異。

來一杯好喝的咖啡吧！

這是發生在多年前有一次我被客戶叮得滿頭包時的事情，我還記得當我回到公司後，我有多想放聲大叫：

「啊～啊！真是夠了！」

「吼喲～煩死了！」

要是公司裡只有我一個人的話，也許我真的會這麼做，但事務所裡還有其他員工，身為老闆的我又怎能大叫出聲，我只好壓抑自己的情緒，打開辦公室的門後，就直接坐回到我的位子上。

此時，有一名員工對我說：「來一杯好喝的咖啡吧？」

我想那位員工一定是在我推門進來時，就察覺到我今天的會議開得並不順利吧！然而他並沒有選擇迴避，也沒有把我當成「難搞的人」而無視於我，僅僅是說了一句：「來一杯好喝的咖啡吧？」

對自己辦公室的咖啡加上「好喝」兩個字或許有點奇怪，但「好喝」這兩個字，讓我深深感受到這名員工的心意。

對話及溝通都是非常生活化的東西，也是由身邊的瑣事累積而來的。只要察言觀色，再稍微改變一下表達方式，你與對方的關係就能突飛猛進。**無心的一句話也許就能一掃對方心中的不快，讓對方振奮起來。**而此時說不定已經超越了「充滿喜悅的對話」境界，達到了「感動的對話」境界。

Part 2

令人怦然心動の說話藝術

改變說話方式，
改變思考模式

4. 一句話的改變，就能展現你的溫柔與堅強

有時候，僅僅用一句話就能傷人；反之，也能用一句話鼓舞他人。語言就是有這樣的力量，既然如此，何不說些能讓雙方都更加正向的語詞呢？不可思議的是，**當你改變遣詞用字時，你的心情與想法都會隨之改變！**

若你的話能幫助別人疏導鬱悶的情緒，相信世上再也沒有比這更美妙的事了，而且這對你自己也是一種祝福！因為僅僅是一句話的改變，你的想法與思考模式就會有大大的不同，你會變成一個充滿正面能量、散發出溫柔與堅強的人。

接下來，我將舉幾個基本的語詞用法為例。

不要覺得「只有半杯」，而是「還有半杯」！

當杯子裡有一半的水時，你會覺得：「只有半杯」，還是「還有半杯」？這些都會影響我們的想法。杯子裡的是水還是果汁都無所謂，單單是「只有」和「還有」這兩個字的不同，帶給人的振奮感就完全不一樣。而且在喝下這可以潤喉的半杯水時，也會因為是「只有」或是「還有」，而帶來完全不同的暢快感受。

同理可證，能夠振奮人心的思考模式，對人我雙方也都有益！因此**在日常生活中，要經常使用「還有」來思考事情。**

不是炸蝦飯「就」好，而是我「要」吃炸蝦飯

當有人問說你想要吃什麼的時候，很多人都會說：

「那就蛋包飯好了！」

「我炸蝦飯就好！」

「哥來碗拉麵就好！」

這種回答就好似在餐廳剛坐下，還沒看菜單，就喊「先來杯啤酒」的輕率回應。

但如果換成下面的說法，就能讓整個場面熱絡起來。

「我要吃蛋包飯！」

「我早就想吃吃看這裡的炸蝦飯了。」

「這裡的拉麵很好吃喔！」

「炸蝦飯就好」的「就」字，會讓人覺得吃這個就好，似乎是因為沒得選才會吃它，也會讓人覺得不管你是自己一個人吃，還是和大家一起吃，都無法感受到吃東西的開心跟美味。

當然，這不是蛋包飯、炸蝦飯或拉麵的問題，而是當你要做出選擇時，**積極或消極的選擇會反映出你的思考模式跟想法**。不是說你一定「非要蛋包飯」或「非要炸蝦飯」才吃，而是在進行選擇的時候，要表現出正確的想法和積極的態度。

再舉個例子，男友求婚時對你說：「我就是要你」還是「那就你好了」，哪一句話才會讓你開心呢？

相信說到這裡，你已經恍然大悟了，當你在做選擇或做決定時，一個正確且積極的態度是相當重要的。

把「不好意思」換成「謝謝」

常常看到一直說「不好意思」的人。

「啊！不好意思！」

「不好意思哦……」

「那個……不好意思……」

諸如此類的，只要一開口就是這麼說。而且不是只有在道歉的時候才說，我覺得有人根本是把它當成問候語了。

某次，在一場為了在日工作的中國人所舉辦的研修中，一名男性與會人士問我：「到底是為什麼日本人要一直道歉啊？」我當下心頭一驚，原來**無意識的道歉也會造成他人的誤解。**

「謝謝。」

「謝謝你。」

其實，你可以試著改講以上這兩句，你會發現不是什麼場合都需要說抱歉的。不絕於耳的「不好意思」雖然不至於讓人感到不悅，但對方也高興不起來，甚至有些人還會覺得你其實是一個「該道歉時並不會道歉」的人。

如果能將「不好意思」換成「謝謝」，相信對方一定會認為你是一個「該道謝時一定能好好道謝」的人，而對你充滿好感的。

遲到，都是電車誤點的錯？

有一種人在上班遲到或者和客戶開會遲到時，第一句話就是：「我的班車誤點了，這是誤點證明。」一劈頭就先說明遲到的原因，接著又馬上拿出證明文件。

若是大雪及濃霧導致飛機停飛，或是意外事故造成電車停開，這種不得已的遲到當然是無可厚非的。至於電車誤點或迷路的狀況，則是早該預想到的，**事先就應該多預留時間**。說穿了，遲到的真正原因，恐怕是你根本就沒有預留多一點時間。

就算電車誤點真的是你遲到的原因，但一見面劈頭就搶著解釋，只會讓對方覺得「這種人要是工作出了什麼狀況，大概也只會推卸責任吧！」甚至有可能會因為你沒表示歉意，又一直解釋原因，而陷入「是你不對」「我才沒錯」的口水戰中。

因此，假如真的發生了什麼突發狀況，**先花點時間反省是不是自己的問題**，才是最重要的。

勇於示弱，讓別人好好照顧你吧！

從語言會改變思考模式的觀點來看，主動示弱以接受別人的幫忙或照顧的心態相當重要。

例如，當新進職員不自覺的表現出自己是名校畢業的，學生時代曾經留過學，考過證照，對於自己的種種長處顯得很在意，一副好勝心很強、不服輸又不示弱的樣子，豈不是會給人高高在上的感覺嗎？

如果你會給人這種感覺，那你是否曾經覺得自己和同事、前輩或主管溝通不良呢？其實，這時候你只要說一句：「**謝謝你，我學到很多。**」若是再加上這麼一句話更好：「**下次請再教我。**」

也許剛開始你的心裡會有所抗拒，覺得「我說不出這麼矯情的話」，但其實這並不矯情。因為很少有企業會在一開始就把新人當成即戰力，所以越是優秀的新人感激的說：「我學到很多。」越能讓人感覺到這個人的從容不迫，更可以讓前輩和主管覺得「這傢伙還挺古意的嘛！」而且，你一點也不吃虧。

不要認定自己不適合這個工作

再告訴各位新人一個改變想法跟思考模式的重要性。

當犯了錯或沒能在期待的業種工作時，很多人會暗自忖度：「我不適合這個工作吧？」但越是這麼想，就越會想要逃避、封閉自我，會覺得日常會話及溝通很麻煩，而變得鬱鬱寡歡。想要避免這種情況，就是先別去評斷自己適不適合這份工作，更不要去想自己不適合這個工作。

老是覺得工作不適合自己，而且固著於這種想法的人，通常不論做什麼工作，

都會覺得「我不適合吧？」其實，任何人都有機會犯錯或失敗，任何工作也都有可能會發生失誤，但這種人卻每次一犯錯，就會產生「我不適合吧？」的念頭。

各位知道「一萬小時法則」嗎？就是說想要熟習任何事情，需要花上一萬小時的時間。以一天8小時、每月工作20天來算的話，總共需要5年左右的時間。我認為花5年的練習時間來熟悉工作，才能達到一個可以判斷適不適合的基準點。更重要的是你該知道，「適不適合」這個問題是幾年後交由別人來判斷就可以了，不要老是去想它，甚至因而自暴自棄。

你想和抱著「我不適合這份工作」想法的人共事，還是想和抱著「我很適合這份工作」想法的人共事呢？你選擇的答案會反映出你的思考模式，你的思考模式也會改變周遭眾人的想法。也就是說，當你覺得自己適合這份工作時，與你共事的人也會和你有相同的看法。

5. 四大溝通類型，你屬於哪一種？

如果有個交情不錯的朋友約你：「欸~你要不要去海邊？」如果你的答案是「不去」，你會怎麼回答？

以下有4個選項：

A 我不去喔！

B 好啊！可是我時間不行。

C 讓我想想……可是我最近也很忙耶。

D 離夏天還早吧？而且我那天可能會有事，地點又那麼遠，我實在沒辦法很肯定的跟你說可以耶。

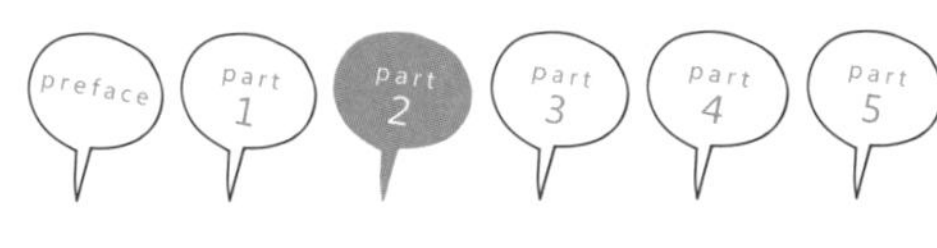

依據ABCD這4種回答，我們可以把人的思考方式跟行為模式作個大略的分類。原本這應該要以行動科學為基礎，進行更嚴謹的分析，但在這裡我們只是用會話來判斷自己與對方的思考模式。

❶ 回答A的人

屬於「**主導型**」的人。擅長表現自我及感情。可以說是「動」大於「靜」的人。

❷ 回答B的人

屬於「**情感型**」的人。擅長表達感情，但有時沒辦法表達自己的主張。可說是「動」大於「靜」的人。

❸ 回答C的人

屬於「**協調型**」的人。不擅長表達自我及感情。可說是「靜」大於「動」的人。

❹ 回答D的人

屬於**「分析型」**的人。雖不擅長表達感情，但擅於用分析來表達自己的主張。可說是「靜」大於「動」的人。

接著，讓我們用左圖來介紹這四大類型間的關聯吧！這個分類方式也可以用來判斷會話及溝通方式，可以用來診斷自己屬於哪一類型的人、期望哪一類型的對話，以及不擅長跟哪一類型的人溝通。

當然，人的個性不可能一成不變，在不同的人際圈中扮演不同的角色時，自然就會有所差異，也可能會隨著年齡增長而改變類型。

對角線的另一頭就是你不擅於溝通的類型，與該類型交談時，可能會有話不投機、無話可說、焦躁不安、想反駁對方、感到錯愕等狀況。

四大類型的行為特性

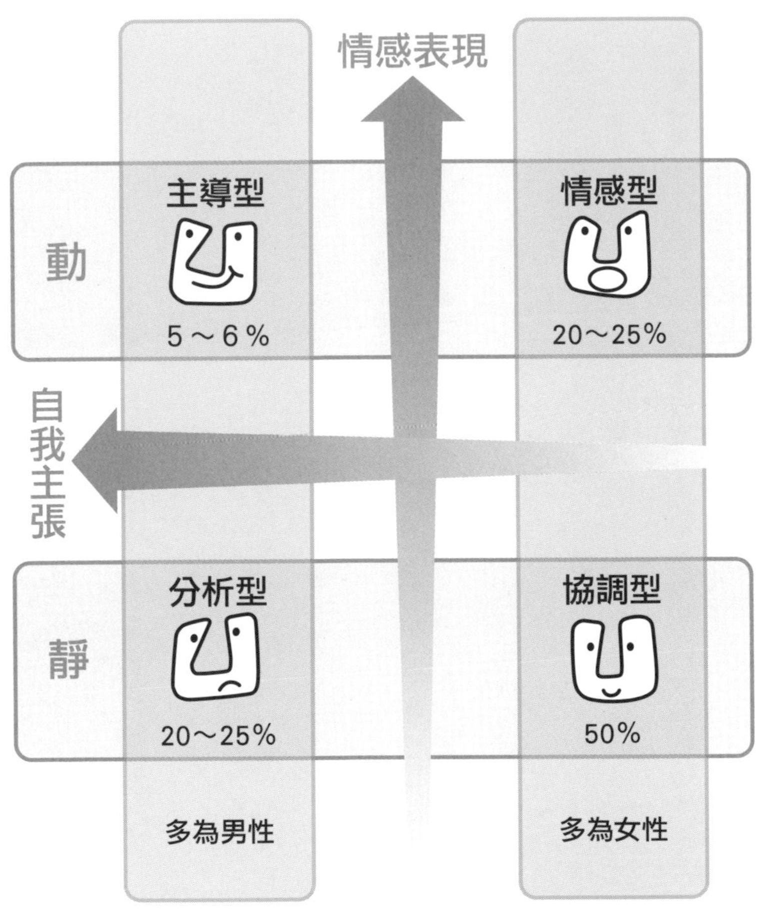

※對角線的另一端為不擅於溝通之對象。圖中的百分比為全球比率。

6. 讓人好感度直升的換句話說【待人篇】

如同上一頁的類型圖所示，人往往不擅長跟對角線另一端的類型溝通，不過就算不擅於溝通也避免不了溝通，這就是現實社會。

「實在是不太想跟那個人說話耶。」

「一跟那個人講話，就會覺得有點煩。」

如果就這樣封閉自己的心靈，不論是鄰居相處、業務往來、家長會或高爾夫球聚，都將無法順利進行。

在面對各種類型時，我已為各位準備了許多換個說法時可以使用的詞藻。例如，面對喜歡「強人所難」的對象時，先判斷他屬於四大類型中的哪一類，要怎麼跟他說話才能達到良好的溝通，接下來我將會更進一步說明。

請各位務必要嘗試看看。當然，正確的說法不會只有一個，說不定還有其他更精準的答案。

如果你很擅長換個說法，在各式各樣的場合都會獲益良多，不論你自己屬於哪一種類型，都能表現出你積極肯定對方的優點，對方會因此覺得「你很了解我嘛」，也就能將換個說法的影響迴向給自己，而本身也會變得更正向。

這麼做並不只是為了要打破尷尬的場面，而是**不論面對什麼樣的對象，都要能夠看到他人好的那一面**——這在會話中不正是最重要的嗎？請你一定要試試看。

強人所難↓主導型

在你周圍是否也有這樣的人呢？事情一旦決定了，即使知道有難度，也會堅持衝鋒的人。所謂的「強人所難」，就是不顧抗拒與反對，即使明知這樣做會很勉強，也執意要進行。我這裡不做什麼精確的定義，但要強調這與「自私」和「任性」又稍有不同。

這種人最不擅於應付答案模稜兩可、說話戰戰兢兢、意見含糊不清的對象。這種人對於困難早已有所覺悟，會堅持朝著他們心中設定的目標前進，發號施令時也相當明確。

讓我們替這個「強人所難」換個好一點的說法看看吧！如果一心覺得「我就是討厭強勢的人」，你就不會再去審視這個人好的一面或其他面了，而這個決定說不定會成為你的損失。

嚴厲↓主導型

有些人會莫名給人一種很嚴厲的印象，例如：職場的主管、老闆、客戶的長官等。跟這種人總是有點難搭話，雖然不知道他們是不是真的會拒人於千里之外，反正他們給人的印象就是很嚴厲。

這種人不擅於應付説話顛三倒四的人，但對於條理分明、能反駁他人或炒熱氣氛的類型，會覺得還可以接受，即使表情可能看不太出來；而在面對想法表達不清楚、只希望表面和諧就好的類型時，則會大發脾氣的表示：「把話説清楚！」因而加深大家對於這種人的恐懼感。

讓我們換個説法吧！如果換個立場，也許你反而會希望身邊有這種人存在。

換句話説 有威嚴

粗線條↓情感型

要具體解釋粗線條，實在有點難度。粗線條和神經質剛好相反，個性不拘小節，遣詞用字和行為舉止都很隨性，屬於靜不下來的類型。雖說遣詞用字和行為舉止都很隨性，卻也不到粗俗的程度，倒是給人有點粗獷的感覺。

這種人關門窗的時候，總是「碰」的很大一聲；整理東西都很隨性；不會在意自己發出的聲音及周遭的事物，也可以算是懶散吧！

這種人不擅於應付心細的人和神經質的人，要是哪天打算一鼓作氣好好完成一件事，而去請教身邊那些冷靜處事的人該如何安排步驟，或探討自己失敗的原因，也只會被人看不起，而被人奚落：

「就說你成不了事嘛。」

「就算你再認真，結果還是一樣的啦！」

讓我們換個角度看吧！只要能跟他們打好關係，就能成為最強的盟友或戰友。

八面玲瓏↓情感型

如果要女生舉出討厭的同性類型時，一定會出現八面玲瓏[1]、不誠實說出自己的意見，很會迎合他人的類型。

這種類型之所以會被討厭，是因為沒有人知道她真正的想法（有時候可能連她自己也不知道）。除了讓人無法相信她以外，總是事事遷就他人、觀察他人臉色說話的習性也是被討厭的因素之一。尤其是擅長分析、勇於表達自我意見的人在與其相處時，常常會說出：「我不喜歡八面玲瓏的人耶。」

試著換掉「八面玲瓏」這四個字吧！其實八面玲瓏的人比你想像的還要更看低自己，因為他們缺乏自信，所以才無法勇於表達自己。是否能從這個角度來看，以建立起更良好的關係呢？

換句話說 心細如麻

1：日文為「八方美人」，用來形容待人接物面面俱到；但在日文中卻有濃厚的「偽善者」意味，評價較偏負面。

膽小→協調型

這種人總是覺得自己沒必要發表意見而顯得戰戰兢兢，會議中一旦被問到：「你有什麼想法？」就會驚慌失措。「說說看你的意見啊！」一聽到這種話，就會亂了手腳。

這種人特別不擅長應付一馬當先、勇往直前的人。如果能安心跟著帶頭的人做就算了，但卻又常常糾結於步調太快。自己先入為主的覺得「不該盲從」，然後思考、動作開始停格，接著心中就會浮現「我無法融入這些人」的念頭，最後則演變成「看來這份工作、這間公司都不適合我啊！」以離職收場。

膽小的人通常性情都十分溫和，所以著眼於這一點吧！如果我們將這份溫和化為肯定，膽小之人的存在感也會呼之欲出。

換句話說 療癒系、和平主義者、內斂

受不了打擊↓協調型

這種人有點類似膽小的人，但跟膽小不同的是，有些特質從外表上看不出來，甚至連他自己都沒有發現過。

這類型的人外表看起來可能很大膽，其實卻出人意料的小心翼翼，碰到厲害的人、可怕的人或陌生人時，就會表現出怯生生、不安的樣子。這種人被念個幾句或被罵時，對他造成的殺傷力更是旁人難以想像。

即便你看不出來，但這種人確實可能會為了某件事而突然肚子痛或睡不好。

相反的，有些人看起來好像很脆弱，卻對什麼事情都無動於衷。

如果協調型中有這種心靈脆弱的人，聽到人家說他「成不了氣候」，恐怕之後他連開口都不願意了。

讓我們為這種受不了打擊的人換個說法吧！如果有人清楚自己受不了打擊的特質，而你的一句話卻可以成為他的心靈支柱，讓他將能量再迴向給和他說話的人，就能建立起最良好的關係。

換句話說 個性敏感、感受度高

愛批判↓分析型

都說三個臭皮匠勝過一個諸葛亮，但卻不見得一定能集結智慧。首先，會有一個人負責出主意，也就是那種腦海中會不斷浮現點子的類型：

「如果去〇〇，一定超有趣的。」

而另一個人就負責煽動，贊同這些點子並且搧風點火：

「欸！這個好喔！」

「聽起來好像很有趣！」

然後，最後一個人則是提出諫言的類型：

「先等一下！如果要去〇〇的話，必須先取得很多許可耶，而且如果還要再加人進來的話，那些人的時間沒問題嗎？」

每句話都像刺一樣，刺進大家的心裡。開頭的那兩個人就會覺得：「你這人怎麼這麼愛潑人家冷水啊？真是話不投機半句多！」搞不好還想把這個人從討論串中剔除呢！

但是，看官且慢！換個角度來看，其實不論是什麼樣的群體，一定都需要這樣的一個人。甚至有時候還會覺得幸好有這個人在，才沒有出亂子，真是太好了呢！

換句話說
敏銳

冷漠↓分析型

跟前面所說的「嚴厲」稍有不同，但不分男女都會給人冷漠的感覺，例如：本來可以完整陳述對某個專案的贊成或反對，卻常常只用一句話，就讓身邊的人感到很冷漠。

通常能夠詳述一己之見、有自我主張的人，都是比較多話的人。但這種類型的人卻相反，總是冷冷的丟下一句話，就讓整個空氣凝結，例如：

「放棄吧！」

「要做也是可以啊！」

「不可能！」

該怎樣換個角度去看待這種類型的人呢？通常在兩個人的對話中，只要有一個人是冷漠型，談話內容就會讓人興致缺缺，但如果是三個人以上的對話，就會非常需要這種人。只要能跨越冷漠的看法，就算他態度仍一副冷淡，也許他外冷內熱，還能適時調節談話氣氛。

7. 能引發各類人興趣的正能量金句

換個角度想，就能讓你和周遭的人都變得更正向。接下來，就針對前面劃分的幾種談話對象的類型，舉一些能夠「引起對方興趣」的正能量金句做例子。

首先，面對**「主導型」**的人時，由於對方想要取得主導權，所以說些能充分顯示對方主導權的詞語就很好，例如：

「就如同○○說的一樣。」

「有你明確的指示，大家就很好做事。」

再來是**「情感型」**的人，喜怒哀樂都會表現在臉上，屬於想到什麼就說什麼的類型。若是要讚許這類型的人，直接了當的說出來最能討他們開心，例如：

「你真好玩！」

「大家都很挺你耶！」

第三種是**「協調型」**的人，也是人數最多的一種類型，有這種人在場就能讓你感到安心。「協調型」的人會讓周圍安心，也連帶讓身旁的人安心起來，所以可以反覆的、積極的強調這種類型的存在感，例如：

「這樣就放心了。」

「果真不能沒有〇〇呢！」

最後是**「分析型」**的人，他的意見往往是經過冷靜分析後才導出的結論，建議可以針對他的分析能力，給予正面的回應和評價，例如：

「〇〇真的很敏銳耶！」

「請告訴我容易忽略的地方。」

8. 讓人好感度直升的換句話說【處事篇】

所謂的「見人說人話」，其實是一句非常重要的話。如果說話方式能充滿正面能量，想法跟思考模式也會隨之改變，變得更為正向。如果都用這種方式說話，不覺得光用想的就很有趣嗎？

本章要來介紹「處事篇」的換句話說。和前述針對人（會話對象）的換句話說有所不同，這邊旨在「見人說人話」，以便讓場面更活絡。

◆「老房子」↓「寬敞而且房租又便宜的房子」

前去委託房仲找房子，在告知租賃的需求與條件後，房仲提供的選擇竟然只有幾間老房子而已。錯愕之餘，看著這些老房子，又想到自己付不起高額租金的窘況，更會覺得：

「嗄？難道我的能力就只能租到這種房子嗎？」

其實，換個角度想，這些老房子的特點就是隔間好、坪數較大、租金便宜。與其跟房仲直言：「我的條件就只能租得到這種的嗎？」導致場面變僵，不如改口試試：

「這間房子這麼寬敞，租金還很便宜耶！」

房仲一定會很高興的附和你，也會更樂意幫你尋找符合條件的房子。

◆「球打得不好」→「其實很懂得給對方面子」

「我啊，高爾夫球打得很不好，跟我打一定很無聊吧？」有個上班族在公司附近的酒店裡，一邊喝著酒一邊這樣抱怨著。

酒店的媽媽桑一般來說都會用「才不會呢！」來結束這個對話，但這間酒店的媽媽桑有點不同，她給了個漂亮的回應：

「打不好也沒關係啊，代表你很懂得給對方面子，很符合待客之道啊！」

試想，招待客戶去打高爾夫球，結果自己這一方的人都太會打、搶盡風頭，豈不是違反了「招待」這兩個字的意義嗎？這時候如果有個人不太會打，反而能帶動氣氛。

而這位媽媽桑就是很了解這一點，才能說出：「這樣代表你很懂得給對方面子，很符合待客之道啊，不是很好嗎？」的話語，來緩和這名上班族的哀怨情緒。這就是不強詞奪理又漂亮的話術！

◆「缺乏業務經驗」→「很能了解顧客的想法」

某個年過三十的上班族從總務部門被調到了業務部門，部門裡還有比自己年輕的業務主管。那位剛被調過來的年長業務對著年輕的業務主管說：

「跟你們比起來，我實在沒有什麼業務經驗，往後如果造成困擾，還請各位多多包涵。」

然而，年輕的業務主管如此回答他：

「前輩，你已婚而且有小孩，來做不動產業務真的很適合耶！這樣不是很好嗎？我看**你一定很能了解顧客的想法，真的是很羨慕你耶！**」

也許是因為年輕的業務主管經驗豐富、做事游刃有餘，所以才懂得說出這種話，相信這番話已經為年長的菜鳥業務打了一劑強心針。這樣的一席話要是能讓這位前輩因而改變想法：

「也是，那就一起打拚業績吧！」

那就更能提升團隊的士氣了！

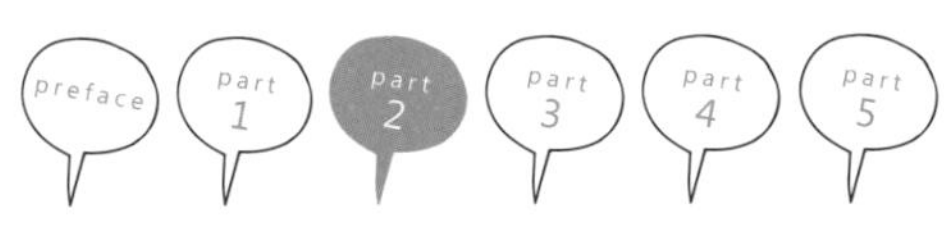

◆「又犯錯了」→「學到一次教訓」

某個二十多歲的粉領族，交出了一張寫錯數字的傳票……

「又是妳！總額跟明細不合啊！謄寫的時候要注意啊！」

其實，這位粉領族這個月已經從經理的嘴裡聽到三次這樣的訓話了，向來溫和的經理也終於為這些累犯的小錯氣到怒目咬牙，而這位粉領族想必也覺得：

「我本來就冒冒失失的……我看我跟經理根本就不合嘛！好想換工作啊！」

就在那天下午，這位粉領族剛好有機會跟其他部門的前輩聊天，聽聞這件事的前輩用了幾句話幫她打氣。

「哎呀，**你還在學嘛，就當成上了一堂課吧！**以後不要再忘記了啊！」

被告誡「不要忘記」，就更沒有辦法忘記了。而這個小錯也成為一個小小的教訓，留在這位粉領族的心中。同樣的，未來當這位粉領族有了老是犯錯的後輩時，她也能夠說出讓後輩得到救贖的建議吧。

◆「沒有休假」↓「可以存到錢」

「根本沒有休假啊！週六、日經常要上班，就算偶爾休假在家，也累到動不了！為什麼我要這樣賣命啊？」

在各大產業經常能聽到像這樣的抱怨，此時請一定要說出下面這番話，來轉換他的心情：

「**沒休假，剛好可以存錢啊！**一個月省下三萬日幣[2]的開銷，半年就快二十萬日幣了耶！就可以出國玩啦！」

對於那些真心覺得休不到假很痛苦的人而言，你在回應裡加上關於未來的小確幸，對方多少也能夠開心一點吧！

至於那些一臉自豪地把公司或產業界的忙碌掛在嘴邊炫燿的人，此時丟一句「能存到錢真好啊～」的回應後，你就可以不著痕跡地轉換話題了。

◆「被爽約了」↓「賺到自由時間」

在社群網站上，偶而可以看到一些假留言真抱怨的貼文：

「約好的時間結果沒人來！吼，浪費了一個下午（笑）！」

「準時抵達客戶的公司，結果對方居然跟我說：『不好意思，我們已經決定別間公司了，你們再找其他間吧！』真的是超．火．大！」

工作上的問題只要還有機會，想盡辦法也該排除萬難去挽回；但要是真的覆水難收了，不如回一句能夠轉換對方心情的留言：

「**這樣也算賺到時間了啊！**何不去咖啡廳呢？」

但萬一是「被毀婚了」或是「跟客戶解約了」這等重要大事，那可就不適用了。

這種會話技巧只能應用在被放鴿子這等芝麻小事上，還請各位讀者自行揣摩。

2：約莫新台幣 8000 元。日本的消費物價指數為台灣的 3 倍，亦即一個周末約省下台幣 2600 元。

◆「跟女的沒辦法溝通，叫個男的出來」↓直接請男同事來處理

「現在還有這種事嗎？」

看到這個標題的瞬間，你可能會有這種反應。但讓人意外的是，在處理客訴的研修課程中所收集到數據資料，卻是令人驚訝的多。

每位顧客的需求或客訴內容都不盡相同，針對「跟女的沒辦法溝通，叫個男的出來」的狀況，當然也是每個個案都不盡相同。雖不能一概而論，但在某些情況下，確實可以考慮**改請男職員來處理**。

「你夠了！叫個男的出來說話！」

一旦客訴都到了這個田地，就直接回應：「我了解了，請您稍等。」

然後，再趕緊請其他男同事處理：「小○，不好意思，轉個電話給你。」

男同事接到電話後，務必要**以排除客訴為目標來進行溝通**：

「非常抱歉，是否可以請您再次說明事情的經過呢？」

其實，顧客投訴的本意應該是「叫你們經理（負責人）出來！」但話說回來，現在職場裡的經理、負責人很多都是女性了，面對嚷嚷著「叫男的出來」的客訴，如果還是請女性高層出面說：「您好，我是公司的經理，敝姓○。」只怕請再優秀的女性高層主管出面，也只會讓場面火上加油。

至於一開始接到這件客訴的女性同仁，也許會因而心生不爽或意志消沉，但無論如何都請轉換心情，因為現在已經由別的同仁來接手這件客訴了。

Part 3

一句話惹毛○○

戒掉扣分句，
別再一開口
就惹人生氣！

9. 口頭禪？發語詞？這樣說很NG！

每個人多少都有一些「壞習慣」，這種壞習慣一不小心就會在遣詞用字中顯現出來。

在交談中，請盡力**避免使用會讓對方感到不舒服或焦躁的措辭**。任何人都想有個愉快的對話及良好的溝通，實在是沒有必要自己去親手破壞它。

口頭禪這種東西很難改得掉，一不小心就會脫口而出。但只要你小心注意盡量別說出口，慢慢的就不會再脫口而出了，因為這會成為習慣，自然而然你就不會再開口說出那多餘的口頭禪了。

發語詞太長的人也一樣。前面說了一串落落長，結果話還沒說到重點，就被人打斷：「所以，你到底要說什麼？」可就犯了大忌！

其實，會在你話說到一半時就突然生氣惱怒的人，並不是因為了解說話理論而針對矛盾點生氣的，而是針對你的某一句話或某個讓他勃然大怒的字詞，才暴跳如雷、火冒三丈的。

以下就來介紹這些「扣分句」，如果能夠戒慎恐懼，就有極高的機率不去惹怒對方，請一定要試試看。

◆「可是、但是、那個……」

有人每次一開口，就一定會說：

「可是……」

「但是……」

開頭就用了否定及反駁的連接詞，再加上「那個、那個」接二連三地說個不停，真的會讓人相當不高興。這就**像是在預告「我要批評囉」**，會讓對方產生防備心。

「可是，那個是你之前說過的啊。」

「但是，那個已經開始了耶。」

當對方一聽到「可是、但是、那個」時，就會覺得自己說的話被否定了。即便你沒有任何否定他人的意思，卻也會讓人有這種感覺。

原本是用在否定及拒絕時不可缺的用詞，如果你沒有那個意思卻劈頭就說，那麼只會讓整個對話越來越無趣。如果能夠謹言慎行，使用對自己有利的措辭，自然就能產生開心的對話。

◆「大家都這樣啊。」

「我可以明天早上十點直接到客戶那裡嗎？不行嗎？可是大家都這樣啊。」

有些人習慣說話時主詞不用自己，而是硬要把事情擴及到大家的頭上。像是議員或電視上的名嘴，都很擅長這種措辭方式。

「有關大多數國民都希望修正的○○法……」

「開通××，可以說是所有在地居民的深切期盼啊！」

聽到這些說法時，一定有人真心覺得奇怪：

「我？我有希望修正○○法嗎？」

「比起開通××，我更希望能拓寬這裡的道路啊。」

政客及名嘴會這麼說，當然是因為居心叵測，但是一般人如果在日常對話中也用「大家都這樣」這種把主詞擴大的說法，就會讓人覺得隱隱有種把對方拉到和自己同一國的企圖。

如果真的想把對方拉進同一國，這的確是會話技巧的一種。但是如果你沒有這種想法，在職場上是非常不適合拿來當作口頭禪的。

「『大家』是誰啊？」

就算被人酸了，也是無可奈何的事。只不過說話的人可能完全沒預料到會被反駁，反而會訝異：「嗄？為什麼要生氣啊？」

◆「這是常識。」「這樣很沒常識。」「連這種事你都不知道嗎？」

這種句子也很容易在會話中突然冒出來，跟前述句子一樣，會帶給人不好的印象，聽的人心中只會浮現：「你當我是笨蛋嗎？」

至於像「連這種事你都不知道嗎？」這種句子，就是在**用自己的標準來評定他人，這是十分危險的溝通模式**。請牢記在心！

◆「所以説啊～」

在會話中，經常不小心就冒出「所以説啊～」這種口頭禪的人也不少。

「之前我兒子去幫我申請戶籍謄本時，那邊説要有委任書才行啦，然後寫了委任書後，公所的人又説：『你沒有蓋章喔！有帶印章嗎？』」

「然後呢？又要再去一次嗎？」

「對啊，為了這樣一件事，跟打工的地方請了好幾次假才弄好，超麻煩的。」

「所以説，去之前就該準備好所有的東西啊！」

不經意就脱口而出的「所以説」、「所以説啊」之類的措辭，不論是在聽者或説者的記憶裡，都只會記得沒完沒了的嘮叨。尤其是看到對方一副狀況外的模樣，表現出焦躁不安，説話也一臉「早知道」的樣子，更會讓聽的人覺得：

「我不過是聊個天而已，幹嘛要被你唸啊？」

結果搞得雙方都覺得沒意思，也不可能會發展出什麼有趣的對話。我想愛把「所以說」、「所以說啊」當口頭禪的人，也只會被認為是滿口大道理的人吧，跟這樣的人講話，只會讓人覺得：「又來了！老是自以為很對！」

◆「我沒聽到。」「沒人跟我說。」

「不是已經說過經費要事先申請了嗎？」

「如果是超過五千日幣的客戶聚餐費的話，我是有事先申請啦，但是……」

「我們現在業績不好，所有的經費都要事先申請，這一點在業務會議上有說過，內部通知中也有寫啊。」

「我上個月因為出差，沒有參加業務會議，所以我沒聽到。內部通知是我漏看了，不過那個內部通知的字那麼小，大家應該都沒看到吧。」

每件事都有其背後的故事或理由，但是像「我沒聽到」「沒人跟我說」這種話，在職場上如果沒有相當特殊的理由是不能說的。如果隨便就掛在嘴上，對方只會解讀成：

「你現在是在把沒做到的事情合理化嗎？」

最後往往只會演變成跟對方大吵一頓而已。

應該要放低姿態，先把「沒聽到」、「沒人跟我說」當成是自己的過錯，盡可能商討出善後的辦法。

◆「我之前的公司……」

常聽到一些新來的員工會說：

「我之前的公司都這樣啊。」

或是把這樣的話掛在嘴邊：

「我前公司的部長才不會管這麼多呢。」

「我之前的公司，大家都會把年假休完。」

當然，這種說法也可能用來推崇現在的公司：

「我之前的公司獎金給很少，比起來現在這裡要好得多呢。」

「之前的公司是責任制，哪像現在的公司還有加班費，真的是太好了。」

乍聽之下，後者好像還不錯，但其實這樣的講法還不如不說比較安全。前者會讓人覺得「不然你回去前公司啊！」而後者會讓人覺得「這有什麼好比的，然後呢？」、「所以現在是說我們公司怎樣嗎？」最後，還是會招人不快，會被人當作是「視野狹隘、不懂人情世故」的人！

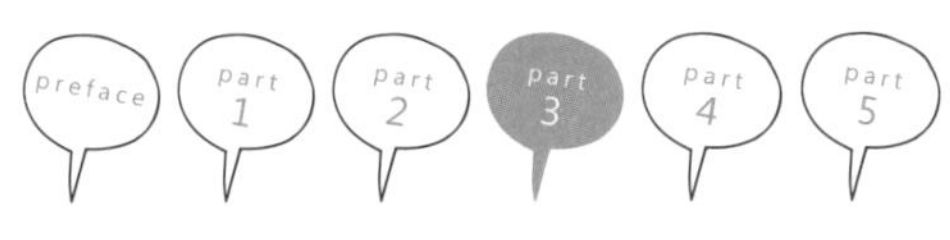

新公司的同事多少會對你的前公司感興趣，但回答時要小心，**千萬不要隨便做比較**，你才會改變想法，更快投入新工作。

◆「……」（沒反應）

在主管和部屬這等上下關係的會話中，常常有部屬會突然出現「沒反應」的狀態，什麼話也不說，就愣在那邊。

「你到底打算要遲到幾次啊？」

「為什麼昨天沒有報告？」

「我雖然很肯定你假日加班，但事前不交申請單，會計那邊很難計算啊！你連這點都不懂嗎？」

沒反應的原因有很多種，如果你是決定採沉默戰術而沉默到底的話，只會讓對方覺得：「你到底有沒有在聽啊！」

這是一種十分沒禮貌的行為，對方會火冒三丈也是理所當然的。

雖然可能是因為害怕而說不出話來，但就算是日常生活中，尤其是在職場上，請認清楚一件事——**不回應是萬萬不可以的！**

◆「就如同昨天郵件的內容」「就如同昨天報告的內容」

這是在職場上發出郵件、打電話或會議結束後，常會不經意脫口而出的話。

「就如同我昨天郵件中提到的，今天就是最後期限了。」

「就如同我昨天報告所說的，請立即提出預算。」

先前的郵件及會議內容即便都是事實，但這些話隱含的意思就是會讓人不爽，顯然是在暗示：「我有好好工作！你要是沒看到，那就是你的不對。」

通常關於日前的郵件或報告，都要在確定對方已經知情的前提下才能提及。

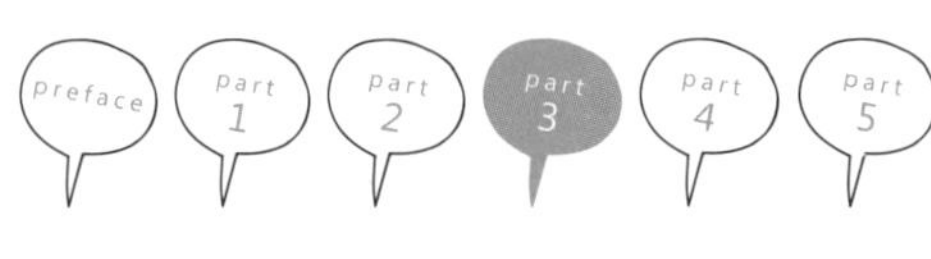

有時候對方可能很忙所以不太清楚，如果貿然開口，只會被人認為是「心機重的討厭鬼！」

正確地說，就是**開口前要先思考對方對「前提」了解的程度，察言觀色後再進行對話**。不要抱著「對方有錯」的先入為主想法，而是要懂得體恤對方。

◆「我了解囉！」

尤其是在回信時，「我了解囉」是否是一個適當的回應，仍是個有待商榷的問題。正確來說，「了解」是上位者用來向下位者表達對事情的理解，並給予許可。

對於主管通知「明天的會議下午一點開始」，如果回答「了解囉」是還說得過去，但對於客戶提出的「樣本請在本月內交貨」，卻也回答「了解囉」，只會被客戶認為是個「不懂禮貌的傢伙」。聰明的回答應該是：

「您好，我明白了。」

「您好，我知道了。」

尤其是在「我知道了」的語意中，除了理解之外，還含有實際行動的意思，所以對於主管或客戶來說，都屬於恰當的回答。

另外，其他改變一下說法會更好的例子還有：

「我忘了說」改成「您好，我說晚了。」

「對不起！」改成「十分抱歉！」

離開公司時說的：「大家辛苦了，Bye-bye。」改成「不好意思，我先回去了。」

更重要的是，你要習慣去使用這些句子。如果連自己都覺得：「這樣說是不是怪怪的？」「這樣說會不會沒禮貌？」還是趕快跟身邊的人確認一下吧。

◆「在電話裡無法回答。」

「十分抱歉，無法在電話中回答您這個問題。」

在處理客訴時，有時候必須如此回答顧客的問題。

身為指導客訴處理的話術專家，我也有切身經驗，能夠感同身受。首先，公司的組織或制度規章中，確實是有電話裡無法解決的問題；當然，也有些是因為商品太複雜，無法使用電話排解的問題。

但這些都是官方說法。聽到「無法透過本電話回答您的問題」的顧客，只會覺得「這個人怎麼都不能通融一下？」此時，如果有客人一副要吵起來的樣子，質問道：「那你說要怎麼辦啊？」也不足為奇了。

而接到電話的客訴單位總不能還說：「這是公司制度的問題。」或「我們公司就是這樣。」

以下是比較好的說法：

「十分抱歉，本商品的客服是由△△部門負責的。」

「請稍等一下，我把您的問題轉給相關負責人。」

諸如之類，千萬不要給顧客任何說出「那你說要怎麼辦啊？」的機會。

◆「我正在找資料……」

當主管開口問：「那個報告進度如何？」

聽到這個問題的部屬最典型的回答就是：「我正在找資料。」

聽聞此話的主管是不可能會回你說：「這樣啊～還在找哦？那××日前要交上來喔！」他只會覺得你「根本就是還沒做嘛！」

等到確定你真的還沒做時，主管就會大罵出聲：「搞什麼！你以為是來玩的

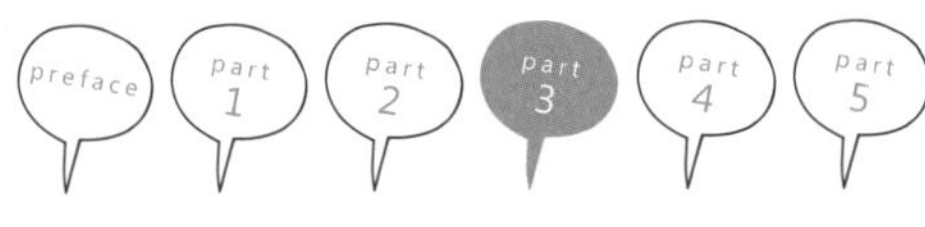

嗎？」也就是說，當部屬回答：「我正在找資料。」其下場就是揭開找罵挨的序章。

對部屬而言，正在找資料也許是事實，但是「報告不出完成的進度」也是事實，說到底就是想要馬虎帶過。

所以，被要求報告進度時，首先應該回答：

「還沒完成。」

「大概做完八成了。」

先提現況，再來交代事情的來龍去脈。記住！在職場上沒有明確結論或成果的話，只會讓人覺得辦事不牢而已。

◆「冷靜想想，我覺得還是這個提案比較好。」

「我想了很多，但冷靜想想，還是很難捨棄這個提案。」

像這樣的案例雖然不多，但偶爾還是會有人在檢討會議快要結束時，冒出這種話來。

雖然可以理解發言人的想法，但這種話應該是在討論階段提出來的才對。想想其他人聽到這番話的感受吧，應該會覺得被惹毛了吧！因為用「冷靜想想……」這樣的口氣，是在暗示在場的其他人都不冷靜嗎？而且這樣的說法等於是否定現在的提案。

「一句話就把剛剛的決定全部給推翻了，那明明是大家冷靜討論出來的結論耶，這人說話真的是很白目！」

若被這樣認為，恐怕也是無可厚非。雖然字面上聽起來是：

「我想了又想。」

「我重新思考了一次。」

等等各式各樣的說法，但如果常常說出這種話來，只怕會被人冠上「白目」、「不會看氣氛」這樣的臭名吧！

◆「××日有空嗎？」

最近在臉書或是LINE上面，像這樣的連絡訊息越來越多了，留言都只有短短的一句，下面的回覆卻一大串。

「××日有空嗎？」

常常可以看到這種不提目的，只確認時間的留言。當然，在工作上可能不會這麼用，但即使是在私底下或是感情很好的親友間，這也是沒禮貌的表現。

「小〇，這個月7日有空嗎？」

「下午應該可以，怎麼了？」

「有活動喔，一起去吧！」

留言的人看起來很開心，但其實就算是親友間，收到這種訊息依然會感到困擾，因為若是先回答自己有空，即使遇到不想去的活動，也不好意思拒絕。

「不會是一堆怪咖的聚會吧？」

「不會突然要我發表什麼吧？」

如果是學生的群組還能理解，但堂堂一個大人不該發出這樣的留言。**把時間和目的同時交代清楚，是十分基本的禮貌。**

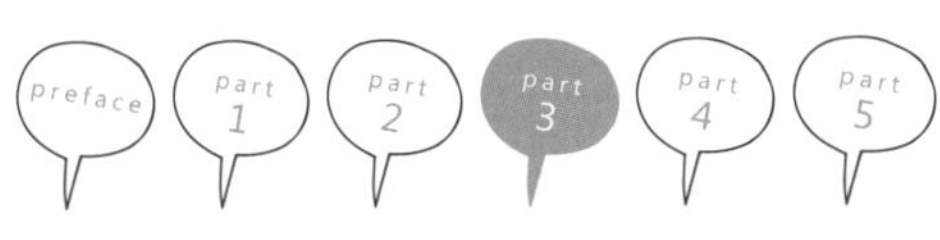

◆「你不覺得我是一個喜歡打掃的人嗎？」

這是年輕人的用語，或者說年輕人常這麼說。

「你不覺得我是一個喜歡打掃的人嗎？每次看到髒亂的房間，我就很受不了。」

聽起來總覺得怪怪的。第一次碰面或沒那麼熟的人會覺得「誰知道你喜歡不喜歡打掃啊？」而感情好的朋友會很驚訝：「這傢伙怎麼還是這麼少根筋啊？明明就提醒過他很多次別再這樣子說啦……」

「你不覺得我～嗎？」這種說法如果用在自己的身上也就算了，但千萬別用來說嘴別人的事情，例如：

「你不覺得我男朋友工作能力很強嗎？」

「你不覺得我爸很有錢嗎？」

說這種話的人，你有想過別人會怎麼看你嗎？

◆「不可能啦！」「辦不到！」

「不可能啦，絕對辦不到！」

「不行、不行！」

總是會有那種當場否決別人提議的人。但這樣的否決語氣會讓人覺得被否決的不是提案，而是提案人的能力。

「我看還是再做double check好了，大家一起確認資料也可以避免錯誤，不是嗎？」

「你說什麼啊？不可能、不可能！現在是季末的最後關頭，業務可沒有這種閒工夫！你用眼睛看就知道了嘛！」

這樣的話一出口，會讓人覺得那個提出要分攤確認資料任務的人，真的是搞不清楚狀況才會遭到否決，才會立刻被回以「不可能、不可能！」

其實回話這一方也沒有惡意，但匆促的回覆其實很難讓人改變心意，因此不要脫口就說：「不行！不可能！」而是要先吸一口氣，再來緩緩回應：

「這個提議不錯，但現在這個時機點實在沒辦法。確認資料雖然很累，但還是要麻煩你辛苦一些了。」

◆「你懂我的意思嗎？」

「這個部分，你懂我的意思嗎？」
「我剛說的那些，你懂嗎？」
「到目前為止，你都聽懂了吧？」

這些都是在電話或日常生活中經常被使用的句子。有些人聽了，可以心平氣和的接受，但有些人卻會因為這句話而勃然大怒。與其責怪那些突然勃然大怒的人，還不如說是這些隨意開口問人家「你懂我的意思嗎？」的人比較有問題吧。

「你懂我的意思嗎？」這句話聽起來並不像是要問人家有沒有了解內容，而是在懷疑對方根本沒聽懂。因此，對方一連被問了好幾次後，聽在耳裡，就像是在拐彎抹角地罵他：「你是白痴嗎？」

也許你說這句話的本意只是想跟對方做個確認，但萬一對方不認同時，就會怒回：「不要把人當傻瓜！」

倘若發展到這個地步，則萬事休矣，你也只能不斷賠不是：「不好意思，真的非常抱歉！」

◆「請您想像一下……」「你要想喔……」

「請您想像一下突然遇到災難時……」

「請您想像一下和家人一起在這棟房子裡生活的樣子。」

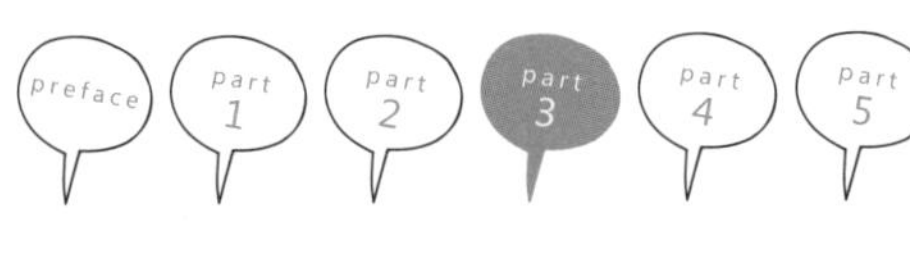

業務在談生意的時候，很喜歡把「請您想像一下」掛在嘴邊。按照業務的意思，顧客應該要開始想像突然遭遇災難而失去財產，或跟家人住在這棟景色優美的房子裡，然後幻想夢境實現……

「還是買個保險比較安心吧？」

「我會努力準備頭期款的。」

但真的會照著業務的劇本開始幻想的顧客，其實少之又少。其中也不乏有些人在聽到業務不斷重覆「請您想像一下」時，會覺得：

「你真的認為我搞不清楚狀況嗎？我看你才是在做白日夢吧！」

業務的話術中有時候會有太多的冗詞贅字，即使你的話術高超，操弄業界話術有如行雲流水，也要記住還是會有因此而被得罪的顧客。

◆「已經不年輕了！」「我老了！」「都一把年紀了……」

好朋友聊天之餘冒出一句「老了啦」，尚可一笑置之，但如果不是朋友關係，而是店員和顧客或業務和客戶間的閒聊，就真的很難去接話。

「我已經不年輕了，我穿這件不會太花俏嗎？」

聽到這句話的店員如果立刻回答：「哪有啊，您明明還很年輕啊！」顧客就覺得店員很「上道」。但如果店員順著顧客的話回答：「以顧客您的年紀，我覺得正適合這種花俏的顏色耶！」顧客反而會覺得：「也是啦，果然就是把我當成歐巴桑看啦！」

這就像煩惱要不要讓座給六十多歲但看起來還很健朗的長輩一樣，其實說不定長輩比你更喜歡聽到鼓舞人心的話。不論怎麼回答，都可能會造成負面的效果，所以如果還在煩惱該如何回應「我老了啦……」這種話題，**最安全的方式就是不做正面回答**，試著跳過這些話，也能讓自己免於不開心。

◆「每次都是我！」

「每次假日都是我來值班。」

「每次都是我負責打掃。」

這種「每次都是我」的說法，聽起來越是充滿自我意識，就越透露出這個人的被害者意識。雖然聽起來有點委屈，但如果這個主觀判斷是事實，而你又真心想要改變這件事，最好實事求是的去計算你多久打掃一次、其他人是不是真的假日都不用排班等。

要注意的是千萬不要感情用事，**不要用情緒去批判任何事情**，如果你的反應太超過，只會讓人覺得你是有被害妄想症的「可憐之人」。

此外，類似的表現還有：「○○老是這樣！」

「老是」一詞聽起來就像是在怪罪別人，特別是運用在爽約、時間到了卻還沒現身，或發生了什麼不好的事情時。「老是……」雖然在對話中常常聽到，但還是要多注意一下使用的時機。

◆「重點是……」「總而言之……」

在討論事情的時候，很容易聽到這樣的話：

「重點是，要盡快解決○○的問題。」

「總而言之，對他來説就是希望能夠優先處理××。」

説這種話的人喜歡以結論作為開場。世界上的確是有那種在錯綜複雜的事情中，也能清晰地歸納、整理出頭緒的人，我對這種「摘要達人」向來感到欽佩，但有些人説穿了，根本只是表現慾太強。

偶爾在會議中或討論時，會碰到這種喜歡自行做出結論的人：「重點就是……這樣吧！」、「總而言之，如果照你的所說，就會變成這樣囉！」

但聽了他的總結後，往往會發現不是根本沒重點，就是方向完全錯誤。在場的人聽完也會暗忖：「這人不行啊！」或覺得「吵死了！」

可惜就是有人會對自己的結論自我感覺良好，請大家千萬要自我警惕一下。

◆「不得了耶！」「很搞笑耶！」

就是那種本來在朋友之間慣用的詞句，有些人卻一不小心就在公司或客戶面前說了出來。別人解讀你的話的方式有非常多種，千萬要小心謹慎。

「老闆，這次的企畫很不得了[3]哦！」

「中午就吃法國餐啊？真不得了耶！」

只見聽到這種話的人都睜圓了雙眼，心想：「啊？是有怎樣嗎？」遇到任何狀況都喜歡用「不得了耶」來形容的人，真的只會讓人覺得你的辭彙很貧乏，尤其當說話對象是上位者時，你的意思不僅無法順利傳達，而且倘若上位者反問：「為什麼？什麼很不得了？」時，只會更凸顯出你的沒知識。

而其他類似的措辭，例如：「你很搞笑耶[4]！」在臉書的留言中偶爾也會看到。留言的人可能覺得很有趣，但收到留言的人卻有可能覺得「沒禮貌！」你的一句「很搞笑耶！」也會讓人覺得你這人很白目。

◆「我女兒選上游泳校隊，陪她練習真的很累人啊！」

這是在左鄰右舍的主婦間常聽到的對話。有時候實在分不清到底對方是在抱怨，還是在炫耀，讓人不知道該如何回應。

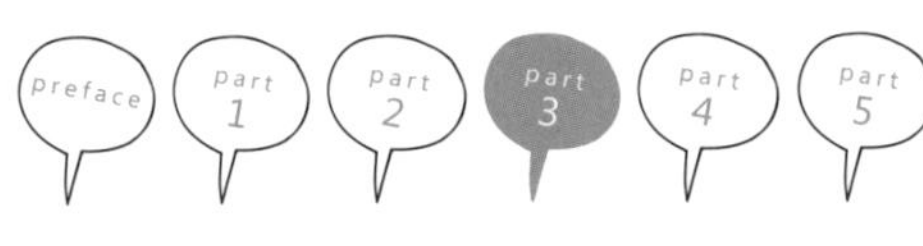

雖然好像可以回應：「很厲害啊！」或「那很辛苦欸！」但讓人困擾的是不論用哪一句話來回應，對方開頭的那句「我女兒選上游泳校隊」，聽起來都是在炫耀啊！

最終，這種語意不明的說法，可能只會讓人覺得這個媽媽真是個麻煩人物啊！其實像這樣的事情要炫耀就炫耀，也沒什麼大不了的，畢竟孩子被選為游泳選手也的確是件值得驕傲的事情，但是後面卻又自己接著說「練習很累人」，聽起來就很讓人討厭。或者，應該說從當事者的口裡主動聽到「陪她練習很累人」這種話，感覺還挺刺耳的。

原本的對話應該要像這樣：

「我女兒當上游泳選手了喔。」

3：日文原文為「ヤバイ」，是「危險、糟糕」的意思。現在則被年輕人用於口語，表示奇異、怪樣子的意思。

4：日文原文為「うける」，意指「接受、得到、被～」，現在則是用於口語，表示「超好笑」的意思

「練習很辛苦吧？」

「對啊，陪她練習真的挺累人的！」

結果卻跳過這樣的對話過程，自己搶先把話講完，這樣的說話方式真的會讓人很難接受。

◆「原來如此！」「原來是這樣啊！」

「我們公司的採購時間跟業界其他公司不太一樣，所以比較需要的是季節性的資金周轉。」

「原來如此！那要不要購買可彈性退保的保險呢？」

「這種可退保的保險，我們公司早已經買了啊！」

「原來如此、原來如此！」

聽到這裡，老闆對這名來推銷保險產品的業務更是一肚子火。

本來「原來如此」是用來表示心服口服的，但有些人卻拿來作為回應，多少會讓人感到不舒服。

「原來是這樣啊！」

也許想說加個「是這樣啊！」聽起來好像比較有禮貌，但其實老闆聽多了，也會懷疑：「你真的聽懂了嗎？」

也常聽到特意用「就是說嘛」來回應，試圖拉近與顧客之間的距離，結果反而讓顧客覺得「我跟你很熟嗎？」的失敗例子。這種「回應詞」用久了會成為習慣，建議好好重新審視自己的「回應方式」。

◆「我不是跟你說過要……嗎？」

在前輩對後輩或夫婦、手足等較親密的關係中，常常可以聽見這樣的話：

「我不是跟你說過資料要在今天之前備齊嗎？」

「我不是跟哥說過，這個月之內要確認繼承手續嗎？」

聽到這樣的語調，只會讓人覺得無端被責怪了。

「為什麼沒做到？」

「那到現在為止，你都幹嘛去了？」

這種「我不是跟你說過……」的語氣背後，充滿了隱約可見的火藥味。如果對方剛好也是個強勢的人，接下來就會是惡言相向了。

「我資料是已經弄好了，但你沒有說要在今天之前啊！」

「我是確認過了，但你又沒叫我先辦手續！你以為我很有空嗎？」

本來感情還不錯的關係，也會因為一句話而弄得心情不好。

10. 這些漫不經心的話，聽起來其實很糟糕！

還有很多需要謹慎使用的口頭禪和發語詞，接著繼續一一介紹。

◆「之前我啊～」「對了對了，之前我～」

聊到一半突然冒出這樣的話來，接著就自顧自地說起自己的事情。聽的人除了感到話被打斷外，綿延不絕的無趣話題也讓人火大。

◆「對我而言」「就我來說」

「對我而言」「就我來說」，是最近很流行的一種句型。

如果開口就是：

「對我而言，義大利菜還是不錯啦！」

「就我來說，我是比較愛吃肉啦！」

聽到這席話的人心中不免會覺得，這人是不是有點自我感覺良好啊？「對～來說」聽起來似乎是想要表達得委婉一點，可是卻反而會讓人覺得自我意識強烈。

◆「緊急」「明天一大早」「盡快」

如果雙方都了解狀況的話，這些用詞或許不致於造成什麼大混亂，但每個人及**各行業的時間概念都不盡相同**，像是對於在百貨公司上班的人和在魚市場工作的人來說，所謂的「明天一大早」到底是指幾點，就是完全不一樣的概念。

萬一沒交代清楚，還可能會讓對方疑惑到底是要盡快什麼？要是因此產生了誤會或失誤，就會成為吵架的爭端。

◆「你到底想說什麼？」「我不知道你在說什麼。」

「所以，你到底想說什麼？」

「我不太懂你要說什麼。」

這種說法常在性子急、凡事講求條理的人身上聽到。在面對主管或前輩時，這種話就算想說也不能說出來；可是如果是在同事或家人間聽到這種話，即便是了解彼此本性的人也會變得加倍心急起來。

「你到底想說什麼？」、「我不知道你在說什麼。」會撂下這種話的人恐怕早已經習以為常了，但聽的人卻會感到緊張萬分，因而把話說得更是一塌糊塗。總之，最好避免使用這樣的表達方式。

◆「現在蓄勢待發」「我正打算一鼓作氣」

聽到主管問「那份企畫書還沒好嗎？」的部屬，一派輕鬆地回答著。每個主管都希望部屬工作能夠充滿熱忱，也正因為了解部屬才會問：「還沒好嗎？」

也許部屬也很認真在回應主管的問題，但這樣的回答只會讓主管目瞪口呆。「我不管你什麼時候要做，但是我要提醒你注意一下截止期限。」可以想像主管已經快要把這樣的話說出口了。

也麻煩聽到這句「還沒好嗎？」的部屬記住，正確的回答方式應該是要**向主管報告目前進行到哪裡、預定什麼時候完成**。「我會盡量試試看」之類的說法，乍聽之下好像很努力，但真的會讓主管聽得瞠目結舌、仰天長嘆，請務必要留心。

◆「這是強迫參加嗎？」「這是公司規定嗎？」

總是有人能漫不經心的問出這種不討喜的問題。在召集公司或部門聚餐，抑或是工作上需要的聚會時，如果聽到有人這麼問，絕對會讓人大驚失色、啞然無語。因此，不如改用：

「我有事抽不了身。」

「不好意思，那天我家裡有事，沒辦法空下來。」

請把這些委婉的拒絕方式牢記在心中吧！

◆「這是我賺的錢耶！」

這是夫妻間會有的對話，也是最容易挑起夫妻戰火的一句話。一聽到這句話，老婆馬上就會燃起熊熊的怒火：

「你以為家事都誰在做？說話不要這麼自私！」

如果不知悔改的話，夫妻倆最後恐怕會鬧到離婚收場。

11. 即使只是語助詞，也不可以掉以輕心

我們來看看口頭禪中關於「語助詞」的部分吧。

例如，最近很多媒體都曾報導過，日本年輕人間正流行一種「語尾音調上揚」的質詢語氣，明明只是被問去哪裡，卻用「涉谷？」來回答。明明不是疑問句，卻好像在問問題一樣，把語尾的音調提高，這種說話方式近乎前述的「你不覺得我很喜歡這樣嗎？」聽在耳裡，可能會有人覺得：

「現在到底是誰在問誰啊？」

「這人很厚臉皮，讓人感到不耐。」

而且這種「語尾音調上揚」的語氣，還會讓人感覺講話沒氣勢。其實還有很多令人火大的語助詞，接著讓我來舉幾個例子吧。

◆「都要我來做！」

暗示這本來是不屬於自己該做的，卻被迫要去做的工作。

「明明你爸還有兩個女兒，為什麼爸的看護工作都要我來做？」

面對老婆這麼說，老公的面子也會掛不住。本來各自有各自的狀況，當初也是在大家的默許之下，事情才會演變至此，但是現在老婆卻強調起這件事，多少讓人能理解先生不爽的心情。

就算是當初自己的選擇，一旦情勢不對或被害者意識高漲，忍不住就會開始強調「都要我去做」！聽的人也無法回嘴，只能感到無奈。

要是改用「一直以來……」（例如：爸的看護一直以來都是我在做。）這樣的表達方式，也比較能改善夫妻之間的關係。

◆「去做～」

特別是媽媽在教導小孩的時候，總是喜歡用命令的口氣叫小孩「去做」一件事，但有時候會讓人覺得這需要用命令的嗎？

不要說小孩了，就算是大人，聽到命令也會反彈。要是小孩都不違抗命令，反而會讓人擔憂。尤其是媽媽命令的時間跟內容都相當明確，如果孩子總是乖乖遵從命令，就會讓人覺得這是個無法自我思考、充滿高度依賴的孩子。

「去念書！」

「去洗澡！」

「快去把作業寫一寫！」

「體育服收進書包了沒？」

「鞋帶有綁好嗎？」

「快點準備去補習班了。」

「把遊戲關掉！」

與其用上述指令要求孩子，我認為不如這樣說會更好：

「趕快把功課做完，然後跟媽媽玩。」

特別是對於活潑的孩子，建議改用這樣的說法。

◆「已經有做了啊！」

「有幫我把請款單寄給○○公司了嗎？」

「有啊，有寄了啊！」

「昨天××公司的報告還沒好嗎？」

「我昨天已經用電子郵件寄了啊！」

在主管與部屬的對話中，常常會聽到部屬回說：「已經有～了啊！」

這種停頓在「我有～啊」的措辭，在對方聽起來就像是有什麼不服氣的感覺。先不論這樣的語氣好不好，句尾加個「怎樣？」（例如：寄了，怎樣？）給人的感覺也很不好。這種不小心就脫口而出的口頭禪，本人也許沒有什麼惡意，但是聽完覺得話中帶有不服氣語氣的人應該不在少數，因此不應該使用這樣的語氣說話，可以改成：

「是的，已經寄出了。」

「昨天已用電子郵件寄出去了。」

「我是××電器的△△。」

「我是××電器的，我叫△△。」

總之，**請避免使用帶有不服氣或否定語氣的用詞。**

◆「（我們這邊）……就是這樣規定的。」

這是電話客服或門市店員在與顧客溝通時，經常會出現的表達方式。乍看之下，經營者好像做了正確的處置，但對顧客而言，只會覺得店家是在搬弄專業。

從店家的立場或以常識來看，似乎是理所當然的事，但對這些顧客而言卻是生平第一次聽到，顧客會告訴你：「我沒聽過這種事情。」

事情就算再對、再有理，顧客即便能夠理解，卻不見得能夠接受。此時應該**用顧客能夠接受的措辭，提供其他選擇給顧客**，思考可行的解決方案，並傳達給顧客。

另外，在解釋法條或是說明規定時，特別是菜鳥員工說出：「……就是這樣規定的。」這種傳達方式所透露出來的高傲氣息，遠遠超過說話的內容。

「你這是什麼口氣啊！」

最後可能會導致顧客瞬間氣到暴跳如雷的局面。

◆「可以拜託你～嗎？」

「可以拜託你跟我一起去嗎？」
「可以拜託你幫我曬衣服嗎？」
「可以拜託你帶我去見你爸媽嗎？」
「可以拜託你給一點建議嗎？」
「可以拜託你教我工作上的事嗎？」
「可以拜託你教我怎麼做嗎？」
「有問題的話，可以拜託你嗎？」

在日常生活中或職場上，經常有機會聽到「可以拜託你～嗎？」的句子，而這些喜歡使用這種表達方式的人，在日本被統稱為「拜託族」（笑）。這些人並沒有發現是因為自己過於被動，才會說出這種話來。可以從這些話裡感受得到，這些人是因為覺得自我需求沒有被滿足，才會做出這種猶如悲鳴的表現，並且形塑出「我真的已經很努力了」與「什麼都沒做的你」。

這些人應該換個立場想，嘗試去理解那些「被拜託的人」的想法，對方的內心可能會這麼想：「你要幹嘛就直說啊！你這人真的很麻煩欸！」

如果連這點都沒能覺察，還依然故我地重複「可以拜託你～嗎？」的話，對方最終可能會勃然大怒道：

「你怎麼不自己做！」

◆「一定要」「應該要」「絕對要」

「一定要……」

「應該要……」

「絕對要……」

常有人喜歡在日常生活的會話中，使用這種充滿強制性的語氣。

「回家後，一定要馬上去幼兒園接小孩。」

「上午前應該要完成的。」

「今天絕對要早點回家。」

責任感強烈的人會把自己該做的事情掛在嘴邊，自己把自己逼到極限。這種逼迫不僅對自己不見得是好事，也會讓一旁聽到的人感到喘不過氣，並且也會給人這樣的印象：

「總覺得光看就好辛苦，壓力好大。」

◆「好像是……喔！」

像這種「好像是……喔！」的句型，有些內容聽起來就像是在說別人的事情一樣，好比：「○○他女兒好像考上大學了！」

可是卻偶爾會聽到一些主管在向部屬說明公司方針時，竟也採用這種方式說話：

「這一季好像需要多接一些新案子，開發新客戶喔！」

「下一季好像是該來盤點一下各分公司和營業點的業績喔！」

當部屬聽了這樣的話，只會深深感到驚訝：

「真是模稜兩可的主管！」

部屬私底下也會議論說：

「下決策應該是○○主管你的責任吧！」

◆「然後就是……」

「然後就是有關跟客戶簽約的事情，我用電子郵件聯絡，但是沒有回應，所以我就直接用手機打給顧客，然後客戶就說下星期二不方便，後來客戶又說星期三的話，幾點都沒問題，那麼星期三要約幾點去拜訪他呢？」

像這樣連續使用「然後就是」的人，應該是多少有點害怕眼前這位主管的威嚴吧，於是在口頭報告時，就會出現像是「然後就是」、「然後」、「所以」之類的連接詞。這時候，聽取報告或說明的人便會越聽越不爽，最後甚至直接開罵：

「所以，是要我星期三跟你一起去，對吧？你說話也太沒重點了吧？」

越是跟自己害怕的主管說話，越是應該在事前整理出重點。

◆「是這樣嗎?!」

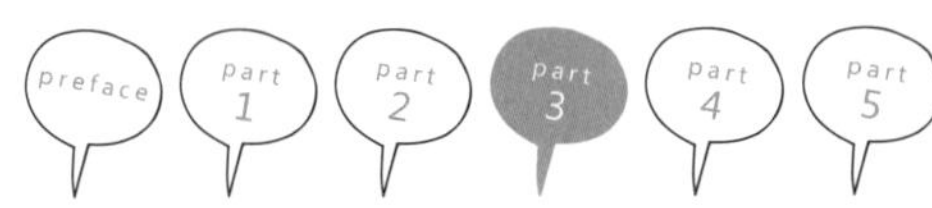

我個人會把喜歡這樣説話的人當成「裝熟魔人」（笑）。如果是朋友之間，這樣説話還沒關係，但是如果對長輩也這樣説話，就會給人一種硬要裝熟的印象。

這樣的表達方式，是把疑問句的「～了嗎？」跟徵求對方同意的「是這樣的吧！」混搭在一起，感覺上就是在質疑對方，卻又害怕聽到否定的答案。

「旅行的日期是已經決定了嗎?!」

「你今天是有帶身分證嗎?!」

「你今天是第一次看診的嗎?!」

但也有人覺得：

「看起來一副很了不起的樣子。」

◆「您是～」

這是餐飲店店員慣用的一種十分制式的簡略說話方式，也是讓老人家忍不住皺眉的代表性範例。

「您是生魚片。」

「您是番茄醬。」

像這樣的表達方式實在過於簡略，也許客人還會調侃的說：

「你看我長得像生魚片嗎？」

這樣的說話方式也要十分小心。

Part 4

熟記各類型加分句

教你搞定老闆、同事或客戶，萬事皆無往不利

12. 一開口就擄獲人心的基本加分句

在上一章中，我們介紹了在會話中可能讓對方不高興或受到驚嚇的一些口頭禪、發語詞和語助詞。這些用詞會依對方如何解讀、對方的心情狀態和對話場合的不同，而造成對方發火，甚至怒氣沖天或暴跳如雷等不同程度的反應。

但其實也有一開始就氣氛良好的對話。同樣的內容，有人就是有辦法讓對話聽起來如沐春風。能夠製造這種對話的人，其特徵是說話條理清晰，講話不亢不卑，不論是在詢問、徵求同意、說明，抑或是一般的日常對話中，都懂得使用明快的語詞，迅速做出合宜的回應。

接下來，我將介紹這些基本加分句，請試著應用在新人對前輩、部屬對主管的會話上吧！完全不需要艱澀的詞彙及表達方式，只需要井然有序、條理清晰的用語。

◆「○○早啊！」

最能夠讓人一聽就感到精神為之一振的，就是全世界都通用的「謝謝」跟「自己的名字」。所以，只要在「早安」之類的問候語前，加上對方的名字，親切感就會突然倍增。

請記住，**建構良好人際關係的基礎，在於「名字＋招呼語」**。

◆「請教我～」

這句話有些人可能會說不出口，尤其是自尊心強的人，但請務必下定決心習慣它。前輩或主管會因為你的積極主動請求，而覺得你很有求知欲，而且這句「請教我」，也能提高對方的自尊心。

◆「我以前都不知道！」「我學到很多！」

在「請教我」之後，針對自己所學習到的內容，再加上一句：

「我以前都不知道耶！我真的學到很多！」

不僅向對方致敬，而且也是一種表達感謝的方式。

◆「資料文件我已經完成了。」

在職場中，所謂的「講話條理清晰」，就是能把「已經開始著手、做到一半、已經完成」等工作進度交代清楚，而這些也足以說明整個工作的狀況。尤其是在手上的業務完成時，報告一句：

「我已經完成了。」

就能讓對方像吃了定心丸一般，而且也會心生感激。因為若是缺少這個步驟，會害對方感到焦慮不安。

◆「哪項需要優先處理？」

現在的時代已今非昔比，一個人的手上不會只有一項業務。即便是一般的行政事務也都是同時有數案在進行，有時候何者該優先執行，會讓人困擾不已。

當手上有好幾項業務時，千萬不要自行判斷優先順序，而是應該與下達指令的人商量。

若等到主管或前輩說出：「先做這個才對！」那可就為時已晚了，不如自己主動先開口詢問：**「哪一項需要優先處理？」**

這可是密切關係到工作效率的提升啊！

◆「託您的福。」

在職場中，要不習慣把謝謝掛在嘴邊的人直接說出感謝的話，也許會有點難以啟齒。但是**適時的傳達感謝之意，確實能有效促進人際關係的和諧**，尤其是前輩或主管對後輩和部屬說道：

「託你的福，事情進行得很順利。」

聽到這句話的後輩和部屬，除了感受到上級溢於言表的感謝之情外，上下級之間的信任感也會突飛猛進。

◆「請您幫幫我。」

原本預定明天之前就必須完成的工作，自己卻無法獨力完成時，最好盡快向他人求助！

其實，工作向來很少有單獨一人就能完成的，大部分的工作都需要大家協力合作。任務若無法完成、無法搞定，最後可能會引發你無法想像的大麻煩。這時只需要誠實的說出：

「請幫幫我。」

這樣做不僅能解決問題，還能同時滿足對方的虛榮心。不過，若是時間逼得太緊，或是使用次數過於頻繁，可是會讓你信用盡失的，所以千萬要謹慎使用。

◆「初次見面，我是新人△△。」

誠如前面所提過的，打招呼時，條理清晰非常重要。比如，**在雙方第一次見面時，直接提及「初次見面」就十分有用。**

有些人可能會擔心，說這句話會不會讓對方覺得你沒禮貌，答案是完全不會。對於明明沒有打過照面的人，卻在信的開頭寫道：「常常受到您的照顧。」才會讓人覺得不恰當，而在這種情況下，來一句「初次見面」才能讓人產生好感。

對於初次見面的人，不論是在公司內或公司外，這句話都是強化自己存在感的絕佳用語。

◆「您好，我是○○。前幾天真是非常謝謝您。」

相對於初次見面時說的「初次見面，我是○○。」，對於見過一次面的人，應該改說：

「您好，我是○○，前幾天真是非常謝謝您。」

不論是在公司內外，只要你是在工作狀態中，就積極地把這句話掛在嘴邊吧！講完這句話後，要是接著又能相談甚歡，對方對你的印象肯定非常深刻。

◆「我會為您轉達給○○。」

例如，客戶有話要請你幫忙轉達給前輩山田時，你一口就回說：

「山田是嗎？我會幫你跟山田說的。」

這些話不管怎麼說，都會讓人覺得語氣隨便，而且對方聽到這種回應也會覺得：

「講話不慎重，用字遣詞這麼隨便，這間公司平常是怎麼教員工的啊？」

公司同仁對你而言是自己人，對著公司外的人提及自己人時，用謙遜的語氣是無妨，但萬一今天外人想留言的對象是你公司的社長，即便依然可用謙遜的語氣，而你卻多少有點在意的話，不如改口為：

「我會為您轉達給山田社長的。」

迅速的判斷出留言者、欲傳話的對象與自己之間的關係後再開口，用字遣詞就能更加條理清晰。

◆「有什麼我能幫得上忙的地方嗎？」

剛進公司的第一年，還處在有許多工作需要學習的階段，如果每天都準時下班，當前輩和主管聽到你說：「我先下班囉！」的時候，想必會一臉吃驚吧。要是因此被工作量很重的前輩破口大罵：「欸欸，等等！你也太不識相了吧！」也一點都不讓人意外。

為了保持圓融的人際關係，你可以順口問一句：
「有什麼我能幫得上忙的地方嗎？」
等確認過沒有需要幫忙的地方，便可說：「我先下班囉！」然後再離開公司。
僅憑這幾個字，就能讓你的前輩與主管認為你是個有禮貌的傢伙！

◆「我要報告有關○○公司的提案。」

在職場上，向上級報告的技巧是很重要的，也就是報告、聯絡、商量。而工作中的溝通技巧主要就建立在報告、聯絡、商量這三者上面。

在一開始時，就要**清楚的報告「哪一個案子、要做些什麼」**，聽的人也不需要浪費力氣多問。即便是不確定的內容或不太好的消息，主管和前輩也會樂意洗耳恭聽。

◆「會議室明天下午1點至2點有空檔，請問要預訂嗎？」

這是聯絡「哪一個案子、要做些什麼」的例子。假設你問的是：「會議室要怎麼辦？」那麼主管和前輩只會覺得你是一個「等待命令型」的人。

若與會人數已經確定了，你就應該**自動自發地查詢會議室的空閒時段，並使用「YES／NO」的詢問句**，才能討主管和前輩的歡心。

「這傢伙工作還蠻進入狀況的嘛！」他們對你的評斷也會有所不同。

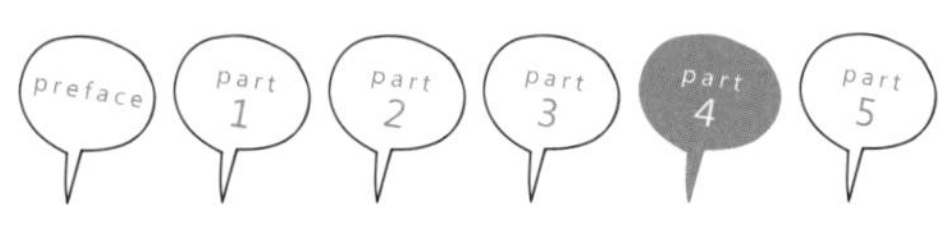

◆「不好意思，隔著桌子遞給您名片。」

請想像這是商談或會議時交換名片的場景——房間窄小到無法隨意走動，或是坐在咖啡廳裡。這時候要交換名片，會不會覺得有點時機不對呢？

如果這時候說出這樣的話：

「不好意思，隔著桌子遞給您名片。我在這裡跟您說聲抱歉。」

對方也就能理解：

「雖然按職場禮儀來說，這樣的做法並不算恰當，但還是應該優先考慮實際狀況吧。」

完全按照職場禮儀來行事的話，有時候反而會適得其反。**按照當下的情境，說出適切的話**，如果對方也能理解，這麼做也不會讓對方覺得失禮。

◆「我一定全力以赴。」

另一種比較不成熟的表達方式就是「我想我會努力的」但這樣子說，只會給人孩子氣的印象。經常使用「我想我會……」的表達方式，隱隱就透露出你的生嫩與不成熟。

在商業信件的往來或資料中使用「我會加油的」，倒不如一句「我會全力以赴」更能讓人信賴。

工作時，把「我想我會……」改成：
「我盡力……」
「我會盡心……」
將會更為條理清晰。而在面對面的場合中表示：
「我一定全力以赴！」
稍微表現得強硬一點，也不壞喔！

13. 日常生活中也能派上用場的待客加分句

現在很多日本人都不擅長使用敬語，如果是本身就不擅長使用敬語的人也就算了，但有人是光聽到敬語就會頭痛。其實，有越來越多的人就連日常生活中的一般對話都感到棘手。

要克服不擅長的敬語，最好的方法就是增加使用敬語的機會，也就是習慣成自然的概念。

還有一點就是，與其勉為其難的拚命使用敬語，不如記住說話要有禮貌吧！而其中比較有代表性的例子就是「待客用語、招呼語」。雖然餐飲店的店員有時候會被人批評：

「這樣說也太怪了吧！」

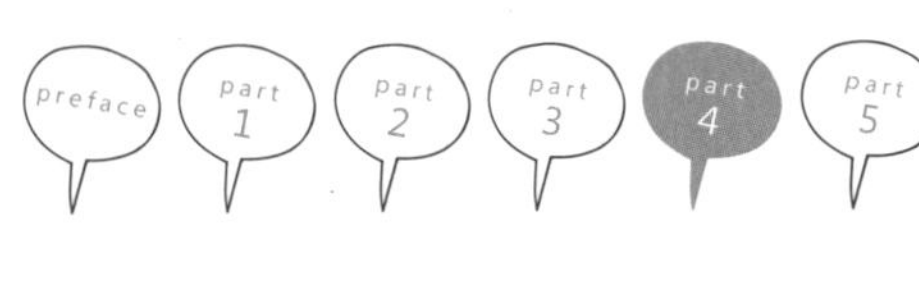

但是基本上店員都是有受過訓練的，說話不致於得罪顧客。

接下來，讓我來舉出一些工作上會用到的待客加分句。

◆「已經有同仁接待您了嗎？」

如果在公司的櫃台看到不認識的人，你會怎麼做？應該不至於視而不見，一走了之吧？當你心裡面抱著疑問：「這人是誰？在這裡晃來晃去要幹嘛？」卻又猶豫著不知如何開口時，不如輕聲問道：

「已經有同仁接待您了嗎？」

相信這位陌生人會因為這句話而不再緊張，把你當成一個親切的人。當然，要說「請問您是哪位？有什麼事嗎？」也可以，可是對方可能已經被你其他同事問過兩三次了，只怕會不高興的回答：「已經有人問過了。」

◆「請問到幾樓？」

請想像你現在正在坐電梯。如果你是新人，電梯裡的下位就是樓層鍵的前方，這裡就是你的專屬位置、特別座。請記住，只要一進電梯，你就算占著這個位子不動也沒關係。

一旦你占據了樓層鍵的前方，不論面對的是公司內外的人士，都不用客氣的直接給他問下去：「請問到幾樓？」

◆「好的，馬上過去！」

在辦公室裡，當主管或前輩遠遠的呼喚你：「〇〇，過來一下！」

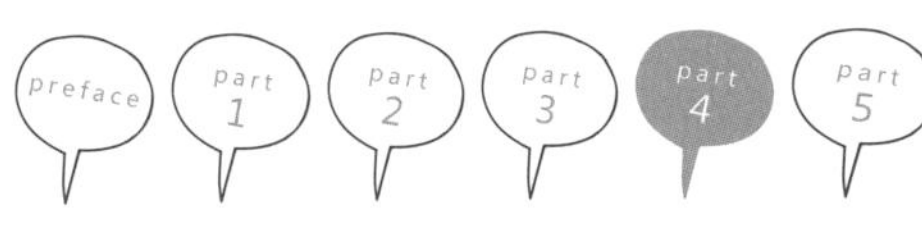

一般的新人都會回答：「好！」若是不能馬上過去的話，就會回答：「請稍等一下！」

其實，最好的回答是立刻說：「好的，馬上過去！」

當然，如果可以馬上過去主管或前輩那邊的話最好，要是辦不到的話，你也一樣要回答：「好的，馬上過去！」

通常，很少會發生讓主管或前輩等了幾十分鐘才過去的情況，也很少有主管或前輩會直接發飆說：「我剛才不是叫你馬上過來嗎？」所以，回答「馬上過去！」是不會造成什麼問題的。

就像顧客呼叫餐飲店的店員時，店員都是一律回答：「好的，馬上過去！」差別只在於是立刻過去顧客的桌邊，或是處理完手邊的顧客，再過去桌邊。

「馬上過去！」是能**向主管或前輩展現你的積極進取**的一句重要話語。

◆「我帶您過去會議室，〇〇馬上會過來。」

這是在會議或商談時，帶領來訪者前往會議室時的一連串對話。首先，要告知並帶領顧客前往目的地，並且明確告知負責同仁的名字，再請顧客上座。

在這場對話中，切忌使用「然後」、「就是」等讓對方感到負面的用詞，例如：「我帶您過去會議室，然後請您稍等一下……那〇〇馬上過來，然後請您在這邊稍坐等候一下。」

像這樣的表達方式並不妥當，應該要更簡潔俐落、清楚明白，應對就是要條理分明。

來訪者並不是來玩的，**簡潔明確的應對更能給對方好感。**

◆「下雨天」「颱風天」「不畏風雨」特地前來

若想在招呼中多加幾句話，那麼天氣的話題是最不突兀的，比如在天候不佳時，向客戶說：

「感謝各位不畏風雨，特地前來。」

除了天氣外，也可以感謝對方在百忙之中抽空出來。另外，如果和對方很熟，也可以加一句：

「今天星期六，天氣這麼好，還麻煩您……真不好意思。」

總之，簡單的幾句話就能有效舒緩對方的心情。

此外，平時職場中還有許多待客用語，例如：

「任何事情都歡迎您提出來。」

「還有什麼不清楚的地方嗎？」

這類的用語不僅能讓對方感到安心、萌生感謝之意，也能連帶的激勵自己。如此一來，要拜託對方下決定時，也能順利進行：

「煩請討論後，告知您的決定。」

還有，回答主管或前輩的問題時，不要只回答「是」，記得再多添句話，例如：

「是的，是有關哪方面的事情呢？」

另外，也許在公司裡，你已經下意識習慣用低聲下氣的「謙遜禮貌」口吻和用字遣詞來表達自己的行動，但其實除了「請回信」、「請跟我聯絡」以外，很多時候「請」字都是可以省略的，例如：

「今天請讓我請假。」

這邊的「請讓我」會讓聽的人感到有些彆扭，「請讓我」這三個字在這裡其實就是不需要的。

再舉一個最常見的例子：

「這是我們公司的主管○○。」

即使本人就站在主管的旁邊，要跟外面的人介紹公司主管時，也不需要過多尊敬的贅詞。錯誤的範例如：

「這是在敝公司擔任部長的○○先生。」

別再說這種立場不明的話了！

14. 能讓危機化為轉機的加分句

在工作中，不論是新人、年輕職員或老鳥，都會碰到許多的危機，包括最常見的客訴、交貨日期的延宕、合約上的謬誤等等，可說是天天危機四伏。

但是如同前面所述，工作不是你獨自一人就能完成的，而是集結了製造、銷售、行政等各部門的專業才能順利進行的。

遇到問題時，克服危機的方法可說是大同小異。

自己能解決的就自己解決，自己不能解決的，交由其他的專業部門處理，就顯得相形重要了。不如說，既然身在組織之中，遇到危機時，也該交由組織去應對。

那麼，要將危機化為轉機時，什麼是必要的呢？語言便是其一，而且還擔負著重責大任。而在需要轉換自己的心情、改變應對方法時，語言更是身居要角。

針對以上的觀點，我們來舉幾個在客訴處理時「將危機化為轉機」的例子。

◆「負責人馬上過來。」「我請負責人過來。」

客服在面對顧客的諮詢時，如果能回答就會盡量回答，但有時碰到自己也不清楚的問題，就會被問到張口結舌。

「這個商品我打開電源的時候有點怪怪的，可以幫我看一下嗎？」

「請稍候。」

「……」

這種諮詢最糟糕的就是「處理速度太慢」，如此一來不僅會造成顧客的困擾，也會讓你與公司的信譽下降。

「夠了！找個知道的人來吧！」

等聽到顧客說出這種話時，那就真的是萬事休矣。所以為了預防這種情況發生，你應該在第一時間就回應：

「負責人馬上過來。」

「我請負責人過來。」

如此一來，就不會發生剛剛所說的那種尷尬情形了。

對顧客而言，他未必期望你能直接修好它，卻會因為你的主動積極而對你產生「做事俐落」的印象，更會感激你迅速的應對與處理。

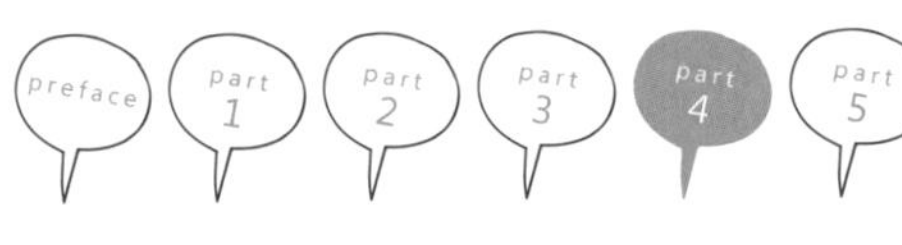

◆「立刻為您查詢。」「盡快為您處理。」

「負責人馬上過來。」

「我請負責人過來。」

說穿了，其實是類似的意思，但是卻不同於前面所述的「我正在查……」的那種充滿藉口的語氣。

能表現出效率的「立刻」或「盡快」等用詞，就是能取悅急性子顧客或客戶的用詞。

另外，**對於重視效率的顧客，必須因應狀況，適時提供事情的進度**。當需要花點時間才能回覆的時候，如果沒有先說明目前的處理進度或需要等待的時間，急著想要知道理由的顧客可能會突然發飆：

「搞什麼東西！」

◆「這邊會做詳細檢測。」

當帶著家電用品來維修的顧客告知：

「好像有點故障，可以幫我看一下嗎？」

如果你自己對機器小有了解，可以一邊詢問故障的情形，一邊檢測機器：

「嗯？是什麼樣的狀況呢？」

如果當下發現問題無法順利排除時，要趕快說：

「這邊會做詳細檢測。」

然後交給負責的同仁，轉給維修部門。最不恰當的回答就是不清不楚的說：

「這原因不太清楚耶，我請公司這邊測測看。」

因此，**肯定地回應公司會做詳細檢測**是很重要的。即使「做的事情」其實是一樣的，也要用不同的方式來說。

不能否認這是爭取時間的一種說法，但只要有「詳細」兩個字，就能滿足富有研究精神的顧客的好奇心。

◆「可以的話，請您告訴我詳細的狀況。」

這是類似前述「這邊會做詳細檢測」的另一種話術。

當客訴的內容很複雜，沒辦法按照正常程序處理時，也會有顧客突如其來暴跳如雷：

「你們公司是怎麼搞的？」

面對顧客的憤怒，首先要做的就是平息對方的怒氣。此時若直說：「顧客，請您先冷靜一下。」恐怕只是火上加油，而換來顧客更火大的反應：「我非常冷靜啊！你什麼東西啊！真是的！」

此時，為了平息對方的怒氣，可以這麼說：

「可以的話，請您告訴我詳細的狀況。」

重新了解顧客暴跳如雷的經過，問清楚事情發生的始末。

就算已經知道誰是誰非了，**誠摯地傾聽還是最重要的。用心傾聽才能將顧客的想法化為感謝之心。**

◆「這邊是我理解到的部分……」

當客訴的內容太複雜，雙方都開始有點混亂的時候，就必須幫對話的內容進行溝通、疏理，常聽到的說法是：

「那麼我再整理一下您剛才說的話……」

這麼說雖然也不壞，但是有的顧客一聽到「整理」兩個字就很敏感，甚至怒上加怒：「你是在說我的話很難懂嗎？我看你的腦袋才需要整理吧！」

所以，處理客訴最基本的一環就是「不要說一些自以為是的話。」

回應時使用主詞「我」，更能表現出客服的責任感：「那麼這邊是我理解到的部分……」

如果先釋出善意，相信顧客也能理解。

◆「可以請您安排一下嗎？」

當很多公司一起合作一件案子時，負責專案的人可能會碰到這種狀況：

「全部都由我們這邊來處理嗎？」

其實內心真正的想法是：

「嗯～都由我們這邊來處理也可以啦，但是耗時費力！可要是直說『這個部分要麻煩你們公司弄囉』，聽起來似乎又有點踐啊……」

「可以請您安排一下嗎？」

這句話說白一點，就是「拜託你們公司處理一下啊。」在無法直說時，只要善加利用這句話，就可以「優雅的」完成分工合作。

◆「您的意思是指？」

這是跟顧客或客戶交談時，對方的說明含糊不清，不知道該怎麼回答才好時，用來確認這種狀況的句子。

前幾天，某間藥局的藥師用很快的速度問我：

「這款 Voltaren 的副廠藥怎麼樣？」

我一時之間反應不過來，所以回問他：

「您的意思是指？」

藥師立即明白我是想要做個確認，所以又說：

「現在有出一種和 Voltaren 止痛藥成分相同，但價格比較便宜的學名藥，你要不要試試看？」

遇到聽不太懂的字詞時，一句確認的話就能讓雙方都了解彼此所說的內容。

◆「原本應該親自跟您打聲招呼。」

在電子郵件及社群網站的交流如此普遍的時代，很可能會出現彼此互不相識卻要一起工作的情況。此時，如果對方比你年長，你們又完全沒打照過面，劈頭就直接跟對方通信或進行工作細節的確認，是相當沒禮貌的事。

你應該要抱著「想親自打聲招呼，卻用電子郵件聯絡，真是不好意思」的想法，然後帶著歉意直接向對方表示：

「原本應該親自跟您打聲招呼。」

一旦對方了解你的心意，工作將會更順遂。

◆「最快的處理方式是……」

在處理顧客問題和客訴時，為了能讓問題快速解決，可以試試以下這幾句話：

「最快的處理方式是……」

單刀直入的一句話，可以引導顧客看見在最短時間內解決問題的方法。

「根據查詢結果，跟○先生您說的一樣。」

或是直接承認事實，如此一來，距離完全解決又跨近一大步。

「如果您很急，那……是最確實的方法。」

也可以利用「很急」、「確實」等用詞，漂亮地勾勒出處理方法。但最重要的還是要讓顧客說出：「那就這樣做吧！」

◆「我會盡速處理，之後再與您聯絡。」

也可以把「我」換成「○○」「客服△△」等職員的名字，重點是要清楚告知接下來處理的方式，進而讓顧客放心。

類似的句子還有：

「等〇〇回來，我會確實轉告，請他與△△先生聯絡。」

「……的手續由××我登記。預計一星期內會寄達。」

諸如此類的句子不勝枚舉，不論是哪一句話，都要**明確表達「本人於何時做了什麼、負責的職員於何時做了什麼」**。

一旦這個環節處理得不夠乾淨漂亮，顧客就會質疑：「我的問題現在到底處理得怎麼樣了？」而對公司產生不信任。

◆「一不小心就聊得太開心，那有關於今後……」

跟顧客或客戶的談話雖然有趣，有時候還是會覺得講太久了。若不想潑對方

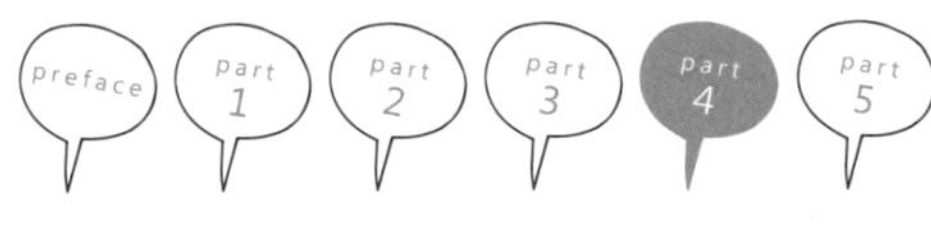

冷水，但又想回到正題上，不如先這樣說：

「一不小心就聊得太開心了，真是太謝謝你了。那有關於今後……」

直接了當地展開接下來的話題。雖然這個句子不應該經常使用，但卻是在進入正題時必要的一句話。

◆「我完全沒發現耶！我太遲鈍了嗎？」

「欸欸~你不覺得○○太自私了嗎？」

「是啊，而且又一直炫耀他們家的事情，聽都聽膩了啦！你覺得呢？」

公司裡的閒聊常會出現暗箭傷人或背後說人壞話的情況，如果你不認同，也不想加入這個話題，卻又不想被排擠，不如用這一招來裝傻脫身：

「我完全沒發現耶！我太遲鈍了嗎？」

此時，只要有人回說：

「都沒發現？你真的很遲鈍耶！」

這就表示你做出了正確的回應，想要安然處世的話，就在這裡打住吧！為了不要被捲入無謂的爭端或蹚渾水時，一定要牢記這句話。

◆「我要是顧客您的話，我也會這麼想。」

當客訴那一頭傳來：

「如果你是我的話，你怎麼想？你也會跟我一樣抱怨吧？」

「一般來說，不是這樣處理的吧？你們公司未免也太奇怪了吧？」

如果客訴處理的時間太長或處理的部門踢皮球，就會有機會聽到顧客說出這種話，此時的你會做何回應？

對於公司的規定，相信有時候你也會覺得：「從顧客的角度來看，感覺好像真的有點問題。」如果你真的這麼想，不如就據實回答：「我要是顧客您的話，我也會這麼想。」

也許這樣說會被認為是在逃避責任，但這卻是處理客訴必不可缺的一句話。當公司的制度或規定被客訴，顧客說：「你也這麼覺得吧！」如果你也不完全認同公司的做法時，就可以像這樣回答。

這麼做的優點有2個：其一，**對自己而言，是站在客觀角度上同意的；其二，不僅是客觀角度，主觀上也能直接縮短與顧客間的距離。**

「我要是顧客您的話，我也會這麼覺得，因此我會盡力處理您的不滿。」

新人一定會碰到道理講不通、無法解決的窘況，為了以防萬一，請一定要記住這句話。

15. 找到切入點，立刻就能翻轉危機！

依據把危機化為轉機的觀點，我來介紹幾句能讓人更積極的正能量金句。說這些話時，最重要的是即使面對危機也不會杵在當下，能找出轉機，找出讓對方願意繼續聽下去的解決方案。一旦找到轉變的契機，就要積極的強調它。

例如，交貨日期有問題或聯繫得不夠確實時，就挺起胸膛回答：

「負責人會在明天中午前跟您聯絡。」

「最晚會在××日前與您聯絡。」

如果是處理客訴方面的問題，可以回答：

「我為您確認一下是否還有其他辦法……」

或是一邊說明狀況，一邊提出解決方案：

「我現在能處理的有……」

「如果是○○的話，3天就可以完成了。」

另外，如同前面提到過的：

「最快的處理方式是××，最確實的方法是△△。」

直接切入顧客的需求，也是一種必要的處理。

而在公司的業務中，當主管對交期有些不安而問道：

「欸～現在進行的怎麼樣了？」

聽到這種問話時，不要沒有反應。請記住有時候誠實的回答：「還沒開始動手」未必不好。

其實主管都有把你平常的表現看在眼裡，看到努力用心工作的你，可能因此想道：「喔～好像需要幫忙喔！」而伸手幫你一把也說不定。

16. 瞬間建立好人緣的加分句

在工作中，誰都會有以後也想繼續往來的對象，因為彼此氣味相投、覺得對方不錯、對方覺得你不錯等等，理由有千百種。這種情誼並不是建立在金錢上的，而是在於雙方人馬的意氣相投。

而且一開始常常是無心插柳柳成蔭，即便你是一位新人，也許只需幾年、甚至幾個月的時間，你就會有這樣的際遇，因此請珍惜每次無意間的交談。

新人或菜鳥的心裡常有疑惑：「想要建立良好的關係時，到底要說什麼才好？」

這裡就來介紹能夠積極展開對話的加分句。

當然，說些天氣或老家的話題完全沒問題，也有人會跟第一次見面的人聊名字的由來。

最重要的是，如果你對某件事很在行或很了解，講到相關話題時，說話也要含蓄一點，不要讓對方感覺到你在炫耀自己的專長。

懂得這樣說話的人，就可以自然的切進與工作相關的話題，而且和對方的交情也會越聊越深。

◆「您是從哪裡過來上班的啊？」

這是和第一次見面的對象、前輩或主管等人說話時，很適合拿來當話引子的一個問題。這個問題是一張對答容易的安全牌，也是製造、增進感情的契機。如果就住在附近，可以用一些當地的梗來炒熱話題；要是住得遠，那就用「住這麼近真好」來作為開頭。

但是初次見面時，**這種涉及隱私的話題，聊到居住地就差不多該打住了**，有些人為了想加深親近感，還會問及：

「您結婚了嗎？」

「您是哪一所大學畢業的？」

「您有幾個小孩？」

這樣下去，話題會變得越來越超過。當然，若沒事就好，但一定要切記，問得太超過恐怕會有讓對方陷入不快的風險。換成是你自己，只怕都會覺得這種私人問題有點傷腦筋，雙方應該要認識到一定程度，才方便開口吧！一旦彼此有了一定的認識，再單刀直入地開口詢問，反而會加深彼此的親近感也說不定。

◆「您之前在哪些單位服務過？」

如果你擔心聊住在哪裡或老家之類的話題，接下來就會扯到一些雜七雜八、無關正事的事情上去，那你也可以**直接詢問對方的工作經驗**。尤其是面對第一次見面的年長前輩或是主管，如果對方對你的印象還不錯，也許還會跟你談一些過去是怎麼克服危機的，以及其他饒富寓意的公司軼事。

人家都特地告訴你了，你可以直率地回應對方：

「原來過去還有這樣的年代啊？真的很訝異！」

「那我要加倍努力了！」

主管和前輩會用自己的失敗經驗來教導新人，也是期盼新人能更有自信。當你感受到這份心意並回應感謝的話語時，主管跟前輩就會覺得：「這個年輕人很可愛！」

另外，你也可試著問問看：

「您工作到現在，哪一位對您的影響最深呢？」

這是一個很能了解主管和前輩工作價值觀的問題，也可說是一個親口聽到對方經驗或想法的機會。而且這不僅僅是一場閒聊，將來你可能會有機會把這些聽來的經驗應用在各種狀況上。例如，在處理客訴或面對顧客的問題時，你就能用直覺判斷：

「這個必須交給負責部門處理，可能會比較花時間。」

也只有這些把工作經驗掛在嘴上閒談的主管或前輩，最了解公司的程序。聽多了他們的經驗，你也慢慢就能判斷該跟公司內的誰去做確認。

在會談時，如果試著探問對方的工作經驗，有時候也會遇見願意侃侃而談的客戶。此時你聽到的東西，可說是專屬於你的「公司客戶的歷史」。

◆「今年〇〇就要升小四了吧？」

只要和對方夠親近，就一定會派上用場的加分句，當屬小孩的話題。而且從私人話題下手，工作上的關係也會突飛猛進。

對方要是也很樂於回應：

「是啊，越長越大了，養小孩真不容易！」

就可以繼續再問候家中其他人的近況，這樣會讓對方倍感親切，不僅在工作上能有進展，有時候還會獲得一些寶貴的建議。

若是對方對於小孩或家人的話題面露難色，就不宜再繼續窮追猛打。在工作上探詢對方的隱私，本來就是個人的行為，倘若一直追根究柢，可不會為雙方帶來好結果。

◆「我遇到了瓶頸……」「我很煩惱……」「我有一個困擾……」

讓主管或前輩看見你的「弱點」，一點兒也不丟臉。明白的告知自己目前的處境，反而會讓對方想起「自己曾經走過的路」而給你建議，進而增加彼此的親密度。所以，請用力的請求協助吧！

與其直接開口要求幫忙，不如**先表明自己的困境**，在話語中帶有「請求借用對方的智慧」「希望對方幫忙」等意思，讓主管和前輩自己意識到可以助你一臂之力。

另外，在陳述自己的困境時：

「要是○○您遇到這種狀況的話，會怎麼處裡呢？」

讓對方感受到你破釜沉舟的積極態度，也是建立親密的人際關係中很重要的一環。

◆「好意外喔！」「好優秀喔！」「很高興……」

「我在家很懶散，是個沒用的老公，老是被我老婆罵。」

如果你是一個新人，平常表現完美的主管或前輩在你的面前真情流露，你會怎麼回應這種半開玩笑的詼諧話語？

「欸，是喔？好意外喔！」

像「好意外」、「嚇一跳」等誠實的回應都沒問題。

不過，在主管或前輩表現了前述的詼諧時，也有人會這樣回應：

「喔！大家都一樣啦！」

這種話也不是不能說，但是說完當下空氣都凝結了。說得誇張點，前者的回應有加分作用，後者的回應卻大大扣分，就是這一加一減的差距，最後兩者人緣的好壞差距也會越來越明顯。

另外，當主管直白地稱讚部屬：

「〇〇，這次做得不錯喔！」

部屬聽在耳裡，也會覺得：

「原來主管都有看在眼裡啊！」

我現在都還記得當我從客戶公司的職員嘴裡聽到這句話時，那種開心的心情。

這種簡潔有力的誇讚，真心推薦給成熟的大人使用。

「今天被〇〇誇讚，好開心哦！」

而當你聽到誠摯的建議，覺得開心的時候，不妨直接回應：

「謝謝您寶貴的一課。」

「感謝大家有緣相聚這一刻。」

此外，在聚會或交流會結束時，回傳一封感謝的簡訊給帶自己前去的客戶，也能成為加分句。

還有，在拜訪客戶時：
「好漂亮的辦公室！」
「好明亮的辦公室！」
參觀辦公室的當下就立刻給予讚美，也是相同的道理。請記住，**直接表達出自己的喜悅、驚訝及感謝，有助於打破與上位者之間的隔閡。**

◆「請保重身體。」「敬請珍重。」

在工作上，用信件往來的機會很多，但內容往往枯燥乏味。若能在跟客戶往來的信件結尾，加上這樣的一句話，親切感就會突然倍增：
「敬請珍重！」
「最近天氣較冷，請多注意身體。」

說得誇張點，收件人可以透過信感受到你的溫柔。只不過，類似的問候語如果用得太誇張，也會模糊信件的焦點，甚至招來誤解。**偶爾添上一句針對近況的問候，就能達到提高親切感的效果。**

◆「裡面裝滿了夢想和希望！」

去拜訪顧客時，對方看到你提著大包包時，也許會這樣閒聊的說：「你的包包好像很重耶！」若此時你想要製造一點歡笑的氣氛，可以這樣回應：「裡面可是裝滿了夢想和希望哦！」

你的一句反應很快的話，可以讓別人刮目相看。會話不是永遠的直球，偶爾也要有曲球或是變化球。如果運用得宜，你就會被評價為「反應靈敏的人」。相信你和對方都會更加期待下一次的談話。

17. 適用於不同身分別的加分句

不管你扮演什麼樣的角色，在面對主管、部屬、新人或異性時，只要能視情況和場合，在言詞上多下點功夫，就能讓雙方都產生積極正面的想法。這邊就來介紹這一類的加分句。

新人部屬適用！給人好感又能展現積極面的加分句

部屬、晚輩或新人等居下位的人，如果太過積極表現自己的話，會讓上位的人產生反感，因此為了不讓人產生反感，謙虛是很重要的。不過，這並不意味著你要卑躬屈膝，而是要**適時利用言詞來表現自己**。

例如，在提出報告時表示：

「我會在一小時內提出報告，到時再請您先過目。」

這樣說不僅能展現自己的時間分配能力，強調自己的專注力，也能讓自己充滿正面能量。

另外，在改善業務的企畫案或提案廣受好評時，適切的表達感謝也很重要：

「這個企畫案也不是多厲害啦，重要的是多虧有大家的幫忙！」

而當你覺得自己的能力不足以承擔被交付的任務，想要委婉的表達拒絕或尋求協助時，可以說：「我一個人是做不到的。」

倘若你的企畫案或提案被否決了，不要當場傻住，而是要勇敢的說出：

「我會重新試試看。」

身為新人的你若能做到上述幾點，那麼在提出企畫案或提案時，也就能夠正面看待錯誤，坦率地說：

「麻煩大家指正錯誤。」

這裡的「指正錯誤」除了指企畫案或提案本身外，還包括從預算、交貨日期、公司的作風、主管的想法等各個層面，去判斷是否適當。

而在面臨別人的指正時，也許你的心裡會冒出不爽的感覺，但仍要盡力表現出從容不迫的態度：

「這是我考慮不周。」

「這點是我沒注意到的。」

「我馬上就來試試看。」

這樣的從容不迫，將能持續帶給自己積極前進的力量。

年輕主管適用！讓年長部屬聽了很受用的加分句

近年來社會多元化，混雜了各種年齡、性別、人種等的組織與公司越來越多。其中最典型的一個例子，就是「年長部屬」越來越普遍。

要對年長的部屬下達指示或命令，絕非容易的事。在應對上，若不想得罪對方，可以這麼說：

「想借用××您的智慧。」

「大家一起努力吧！」

「因為……，所以過渡時期希望大家可以一起努力。」

「也是希望不要再加深〇〇您的困擾。」

「下次請務必再讓我向您請教。」

「真不愧是前輩，太厲害了！真是太敬佩您了！太棒了！真的很不錯耶！」

「幸虧有〇〇您的指導啊！」

「聽了您的建議，我就被顧客誇讚了耶！」

「這太深奧了！」

如果慣用以上的說法，不僅不會造成對方的不開心，也能讓對方有「大家都在同一條船上」的感覺。再者：

「我來說明一下這邊的程序。」

將「教導」、「指導」等用詞，換成「說明」、「告知」、「介紹」等，當要傳達任何事情時，就可以建立雙方沒有芥蒂的關係。

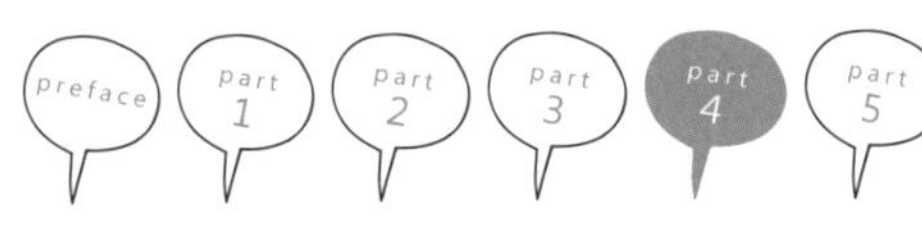

異性同事適用！坦率又得體的加分句

在職場中要誇讚異性時，令人意外的也有需要特別注意的地方。我認為**直率地稱讚對方**就可以了，但似乎有人不以為然地覺得「行不通」。舉例來說：

當女同事換了髮型時，自然地稱讚就能給予對方好感：

「感覺不一樣了喔！」

當女同事要出差時：

「既然都去到老家出差了，要不要順便回家看看？」

「令堂只要看到妳回家，就會覺得很高興吧！」

既然是一起工作的同事，本來就會覺得大家都是一家人，帶入一點私人的話題也不唐突。

但是無論如何，都不要忘了表達感謝的心情。

「可以拜託△△真是太好了。」

「謝謝你，真是幫了我一個大忙。」

避開職場是非的加分句

同事間的暗箭和閒話是不可能消失的，這是人類的天性。但正如前面所述，不要蹚渾水永遠是職場守則之一。

「他會不會是有什麼難言之隱啊？」

「我光自己的事就快搞不定了。」

當你把這些話說出口時，你就可以輕鬆避開這些是非。另外，你也可以說：

「討厭就討厭，沒差吧！」

聽起來既沒有破壞當下的氣氛，也順利的表達了自己的立場。

充分展現「全心款待」的加分句

「全心款待」不僅僅是用在敬語或禮儀上。不管是對上位、下位還是同輩的人，這個詞也隱含「**預知對方需求**」的意思。例如，本書開頭所舉的例子：「來一杯好喝的咖啡吧」就是其中的一種表現。

當然，其他族繁不及備載，看到這個名詞時，各種情境就會慢慢浮現在腦海裡，其中一定會有「啊！對吼，這時候這句話就很重要了！」的畫面，例如：

「要不要順便幫你買午餐便當？」

「資料已經照人數印了3份囉！」

「因為是第一次拜訪，公司概要和商品簡介我都準備好了。」

「〇〇，辛苦你弄到這麼晚！我也來幫忙吧！」

「△△，這是今天要去拜訪的公司的地圖。」

「這是當地很有名的銅鑼燒喔！」

「我先下去叫計程車。」

「我下個月想去找你玩，你什麼時候方便呢？」

「大概會花個10分鐘，您時間上許可嗎？」

只要能做到以上這些，你也能成為被人感謝的「款待達人」！

Part 5

神回覆！把「憤怒」變「感動」

掌握這些訣竅，
說話能力迅速 UP ！

18. 活用報告營業數字的方法

報告請說重點

先來一個錯誤的示範：

「○○課長，現在方便嗎？本月的營業報告就是：大家雖然都很努力，但是距離目標好像還是有點難度，而且正確的營業額要到下個月初才會知道，到這個月底大概還會差個10％～15％左右吧。」

「為什麼會這樣？」

「理由嗎？欸，是多重原因累積造成的吧，我們雖然都有在努力，但最重要的因素是我們的金牌業務重感冒，他請了一星期的假，結果真的就差滿多的。」

「我問的不是這個，我是要問差在哪些客戶、減少了多少營業額等實際數據，你連這個都不懂嗎？」

「呃，是要問少了哪些客戶的合約嗎？呃……A公司的案子有點拖延，那個案子的金額還滿高的，我要再查查看……」

「如果搞不清楚狀況，就不要來報告啊！」

「一億日幣……這、這到底是什麼情況啊？啊，原來這個數字被拉到下個月了！那現在怎麼辦？嗯……反正會被列入下個月的營業額，這樣應該就不打緊了吧！」

聽到這番話的課長，恐怕只會暴跳如雷的說：

「搞什麼鬼啊！」

套用說話框架，話可以說得簡潔明瞭

如果有了「說話框架」，就會如左圖一般，將內容分為：「開場白」、「主旨和確認時間」、「結論」、「理由」、「具體事例」、「最終結論」，說話有憑有據、簡潔有力，明瞭度也是一等一。只要如此報告，課長就能瞭然於心：

「知道了，那就來訂立下個月的對策吧！」

也會感謝你這番清楚明白的報告，接下來就會進行得比較順利。

報告營業額的範例

開場白	「打擾了！」
主旨和確認時間	「請問您現在有空嗎？我想進行本月的營業報告。」
結論	「本月的目標只達成 90%。」
理由	「跟 A 公司簽約的大案子被延到下個月了。」
具體事例	「下個月的目標有 2 個：全力落實下個月與 A 公司的簽約，並確認所有的案子都不會延遲。」
最終結論	「下個月努力把未達成的部分補上。」

19. 套用「說話框架」，報告也可以很 easy！

在商場上的會談中，有一個千年不變的定律就是**要先講「結論」**。相信這點應該是眾所皆知的，但還是有人不在行，特別是女性。

遵守「先講結論」這個定律的男性不在少數，但是有不少女性雖然在認知上清楚這個定律，卻很難力行。

大部分的女生在說話的時候，都會忍不住衝動地先陳述事情經過，最後才導出「這樣的結果」。但是在陳述事實經過時，有可能會不小心偏離主題，要是遇到個性急躁的主管就會踩到地雷了。

「所以呢？結論是什麼？先說清楚到底是做到了，還是沒做到！」

此外，似乎有不少不太會做「說明」的上班族，在提到說明時，腦中就會浮現職場中的報告、聯絡、商量，或到客戶公司提案等各種場合狀況，卻不擅長向身邊的主管報告。

從祕書檢定學到漂亮做報告

我自己以前也是當了很久的上班族，都還不太會做報告和說明。每次被主管問到「結論是什麼？」時，腦中就會一片混亂，整個思緒亂七八糟。

有時候要在主管手機的語音信箱裡留言，就需要迅速確實地報告出結論，話也一定要一次說完。但每次留言完，我再重聽自己的留言時，我自己都不知道我說了什麼。這樣的情況日復一日，問題一直沒有解決。

真正讓情況轉變、讓報告變成我的拿手項目的關鍵，就在於我去參加了祕書檢定。

祕書檢定一級的面試裡，就有一項「報告」的實測考試。大致上來說，就是「把兩百五十字的內容，精簡地向主管報告」的實測考試。即使說話吞吞吐吐、結結巴巴也沒關係，最重要的還是要了解報告的原則和重點。為了抓住報告原則及重點，使用後述的說話框架就能幫得上忙。

我在鑽研實測考試和研究會話方法時，最大的收穫就是下一頁所說的「從結論開始的說話框架」。

報告是有順序的，只要套用框架的順序說話，就能立即感受到報告變得簡潔明瞭。我現在冷靜地回頭想想，當初我之所以不會報告，應該就是因為沒有按照說話框架的順序就開口。所以，請大家各自努力，為了能做出簡潔明瞭的報告，趕快牢記這個「說話框架」吧！

從結論開始的說話框架

開場白

「打擾了！」

經常看到有人弄錯開口的時機，問得不湊巧而被要求「等一下再說」。仔細觀察對的時機，再開口說話。

主旨和詢問時間

「想要向您報告一個您剛才不在時的電話，請問現在有空嗎？」

先把要報告的事情當成主題說出來，再詢問是否有空。此時如果劈頭就說「A 公司……」，主管只會滿頭問號。

結論

「A 公司的田中部長想要取消明天下午 2 點的會議。」

只講結論，至於幾點打來的電話、取消的理由，甚至是田中部長深感抱歉的樣子，全部都可以省略。

理由

「聽說是出了狀況，必須緊急前往大阪出差。」

說明導致結論的原因。明天為什麼要取消？因為出了狀況，所以明天要緊急出差等明確的理由。

具體事例

「對方表示可否下星期再聯絡？聽起來十分抱歉的樣子。」

說明事情的經過和對方的樣子等具體的陳述。若是營業報告，只要再加上數字和數據，就能與「可靠」和「說服力」畫上等號。

最終結論

「明天下午 2 點的會議取消了。報告完畢。」

最後收尾時，為了提醒對方，再重複一次結論。「報告完畢」則是表達報告結束、準備離去的語詞。

20. 善用 PREP 法則，與顧客過招沒煩惱！

「說話框架」也可以用來處理顧客的問題和客訴。其中一個應用方法就是「PREP 法則」，PREP 就是每個英文單字的第一個字母的縮寫：

Ⓟ 結論
Ⓡ 理由
Ⓔ 具體例
Ⓟ 結論

接下來，我們試著把這個說話框架應用在網路購物公司的客服，看看成果如何吧！

不當的回答，一秒激出奧客

顧客的問題如下所述：

「我現在十分煩惱要不要買這個商品，如果之後我需要馬上收到商品的話，該怎麼訂購？」

這是一個很普通的諮詢，完全毋須困擾。但是如果無視「說話框架」而直接像下面這樣回答的話，就會造成顧客困擾：

「您24小時都可以在我們的網站上購買，手上的型錄應該會有號碼，確認號碼後，就能輸入商品編號。當然，您也能來電訂購，但是遇到線路繁忙的時候，可能會需要一些等候的時間。可以的話，建議您使用網站訂購。勾選『快速到貨』，需要另外加收五百元日幣的手續費，一般有庫存的話，寄送需要一星期左右，但快速到貨只要3天左右就能到貨。這樣您了解了嗎？」

以上的結果，只會遭到顧客的惡言相向：

「所以到底要怎麼買？這麼麻煩就算了，我不買了！」

好好的顧客一秒就變成「滿口抱怨」的奧客，說穿了，這是客服自作自受，只要一日不與「說話框架」合而為一，就會天天發生這種事情。

懂得活用 PREP 法則的人會如何回答呢？回答的內容可就大大不同。

活用 PREP 法則，客訴處理沒煩惱

首先，先重複顧客的需求：

「您是說想要馬上收到訂購的商品嗎？」

P 結論
「需要加收五百元日幣的手續費，網站上的『快速到貨』是最快能收到貨品的方式。」

R 理由
一般到貨需要一星期左右，快速到貨只需要3天。

E 具體而言
也可以來電訂購，但線路繁忙時就一定要等待。就這一點來看的話，建議您使用網站訂購就不需等候。

P 結論
如果您急需商品，快速到貨是最確實的選擇。

活用對話框架的應對就能暢行無阻，顧客不會變「奧客」，問題也能解決。

另外，處理到一半時，假設顧客問了這樣的問題：

「我不知道網站怎麼操作。」

這個部分的應對是：

「網站操作嗎？最重要的一點就是，畫面右上方有一個『快速到貨』的按鈕，請按一下……」

相關的問題，也只要活用 PREP 法則就可以了。

PREP 法則

Point
結論

建議您……／……如此。

從陳述理由所需的
說明展開最好

Reason
理由

理由是因為……

Example
具體描述

例如……、如果……，就是……

Point
結論（重複）

建議您……／……如此。

※還有其他種説話技巧，如：SDS（Summary-Details-Summary）法等等。

21. 針對各類型顧客的客訴處理重點與實例

一種米養百樣人，但處理客訴最重要的是要能跟顧客感同身受，再去思考該如何處理。請回頭閱讀第43頁的圖，再重新思考一次。

假設現在你的面前有一位憤怒的顧客，請先按照43頁的圖，判斷出憤怒的顧客是屬於哪一種類型。

可能會有如下的狀況：

「到底是可以還是不可以？」

「我要現在！」

這樣生氣的人屬於**「主導型」**。

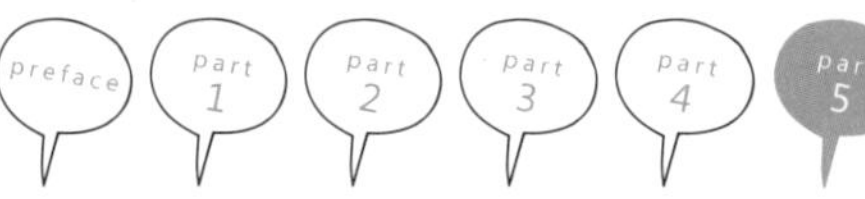

「吼！真的是嚇死人了！」

「突然咚的很大一聲，然後喀噠喀噠、晃啊晃的就壞了……」

這樣生氣的人屬於「情感型」。

「這樣說的人只有我嗎？」

「這樣實在是有點困擾……」

這樣生氣的人屬於「協調型」。

「請用書信或文件回覆我。」

「為什麼會有這種情形？」

這樣生氣的人屬於「分析型」。

基本的客訴處理流程與情緒控制技巧

在這4種類型中，分處於對角線兩端的類型，可說是彼此最沒輒、最不擅長處理的類型。

不論針對的是哪種類型的顧客，處理的方式基本上都相同。我們來看看基本的客訴處理流程與控制自己情緒的技巧吧！

❶ 傾聽

首先要做的就是仔細聆聽顧客的抱怨。此時只要重複顧客的內容，不僅可以爭取一些時間，也比較有心理準備。

「資料怎麼都還沒寄到？現在是怎樣？」

聽到這種抱怨，在回答「您是什麼時候處理的呢？」之前，不如先重複：

「您的意思是說資料還沒有寄達嗎？」

然後，再加上：

「不好意思造成您的困擾。」

「我了解您的心情。」

先使用這一類的詞句去**複誦顧客的感受**，不僅可以讓自己冷靜下來，不至於討罵，也可以讓自己的心理有所準備。

❷ 發問、抓住重點

針對抱怨的內容，自己先開口詢問顧客：

「不好意思，是否可以請您告訴我詳細的狀況？」

自己先開口的話，能夠了解詳細的狀況，**整理出頭緒**，事情也會比較明朗。

❸ 對談

一邊和顧客對談，一邊**釐清「做得到」、「做不到」、「不清楚」等問題**，一旦理出「做得到、做不到、不清楚」的部分，就能有正確的判斷，不疾不徐，進而縮短處理時間。至於對談的方法，使用前面提過的 PREP 法則就很好。

④ 處理、行動

說明將會如何處理，並且取得顧客的同意。

此時要再重複一次要處理的內容，同時確認口誤或聽錯的部分，你自己也可以鬆一口氣。

面對不同類型的顧客，處理重點也不同

面對不同類型的顧客時，處理客訴的基本流程大致相同，但著眼點卻各有不同。

主導型顧客

在4個基本流程中，要特別著重「對談」與「處理、行動」這兩個環節。說話不要又臭又長，要從結論先說起，告知公司這邊所能做到的事情，如果顧客同意，就馬上著手處理。

情感型顧客

要把重點放在「傾聽」與「發問、抓住重點」這兩個環節上，用心傾聽顧客的話，答案就會自然而然的浮現在你的眼前。把「這是公司規定」這種不知變通的處理方式，運用在情感型的顧客上，是起不了任何作用的。

協調型顧客

與情感型的顧客相同，要著重在「傾聽」與「發問、抓住重點」上，傾聽顧客的需求，一邊確認，一邊處理。這邊並不需要馬上給出結論。但要注意的是，如果顧客是勉為其難、不得已才同意的，最終只會在顧客的心中留下芥蒂。

分析型顧客

在4個基本流程中，與主導型相同，都要著重在「對談」與「處理、行動」的環節上。但是要記住，對談的內容不要只有結論，原因及理由也必須正確的傳達給對方。

這個類型的顧客對於「做得到的」、「做不到的」，以及理由和原因，全都要了解清楚才會接受，而顧客一旦接受處理方案，就要馬上執行。還有，要盡量避免裝熟的語氣。

左圖可以清楚看出全部的樣貌。

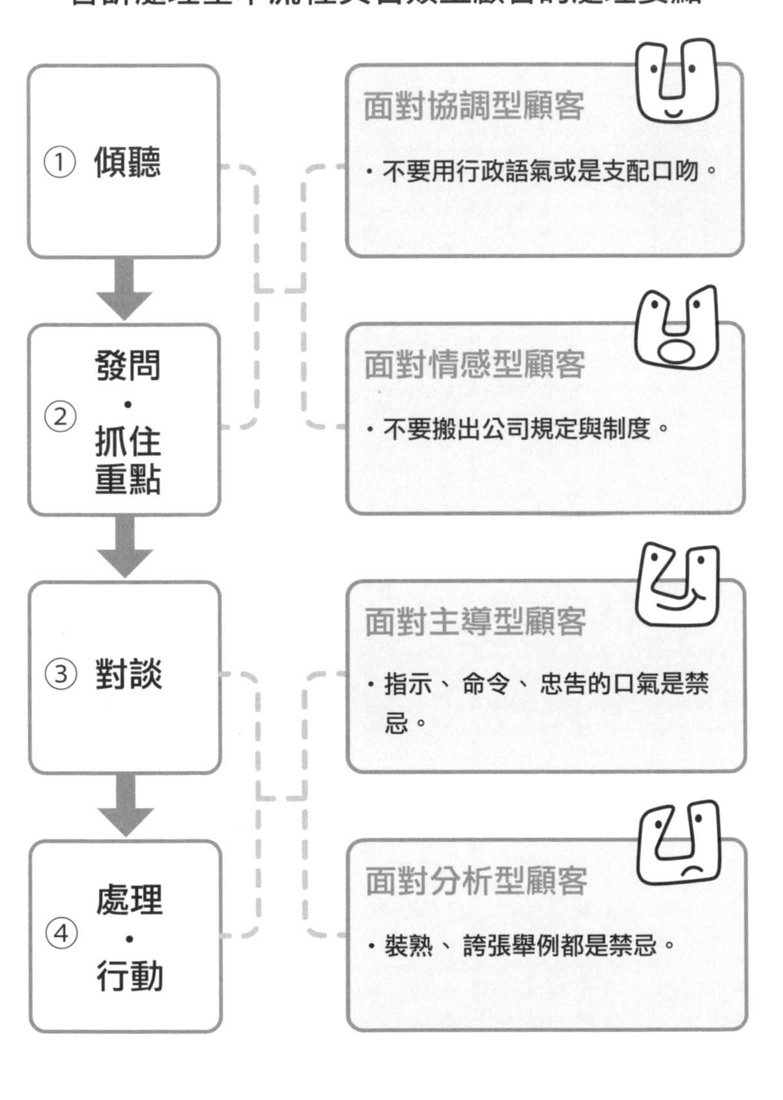
客訴處理基本流程與各類型顧客的處理要點
① 傾聽
② 發問・抓住重點
③ 對談
④ 處理・行動
面對協調型顧客
・不要用行政語氣或是支配口吻。
面對情感型顧客
・不要搬出公司規定與制度。
面對主導型顧客
・指示、命令、忠告的口氣是禁忌。
面對分析型顧客
・裝熟、誇張舉例都是禁忌。

從會話實例中學習正確的應對技巧

接著，我們就來看看不同類型的「讓人火冒三丈」的會話實例，學習能夠成功扭轉局面的應對技巧。

※會話實例1【報告篇】主導型主管VS.協調型部屬

部屬：「打擾了。現在可以說句話嗎？那個淺井部長打電話來，好像是說突然要出差，所以時間不方便。」

主管：「什麼不方便啊？」

部屬：「啊！不好意思，是有關開會的事。」

主管：「開會？哪個會？」

部屬：「是A公司的山田打來的。本來想說我們後半季多少需要提高一下營業額，好不容易才約到部長的，現在卻說要改時間，真的很傷腦筋。」

主管：「可以把話整理一下再說嗎？你到底在說什麼？」

部屬：「對不起！山田打來問說開會的日期可不可以改一下？我記得我有聽課長您提過，下下星期一和星期三整天都不在。」

主管：「所以說，本來下星期要跟A公司開的會，因為淺井部長臨時出差，所以要改到下下星期嗎？」

部屬：「是的。」

主管：「你說的話我真的都聽不懂，可以一開始就講清楚嗎？」

部屬：「對不起！山田問說可不可以告訴他兩、三個有空的時間。」

主管：「這樣的話，24日（二）上午、26日（四）全天、27日（五）下午，那就麻煩你了。」

部屬：「那就是24日（二）上午、26日（四）全天、27日（五）下午，我明白了，有進度我會再報告。」

引爆點

- 沒有告知主題就開始自顧自的說話，只會被主導型主管酸。
- 協調型部屬對於千辛萬苦才安排好的會議，最後竟被迫改時間，感到鬱悶而想要訴苦；主導型主管則是因為聽不到他要的結論而感到焦躁。
- 協調型部屬想要迂迴地探詢主導型主管的行程，卻得到反效果；主導型主管因為聽不到結論，所以決定掌握發話權，而且深深覺得這名部屬真的是個說話沒人聽得懂、又沒啥路用的傢伙。

這樣說，大逆轉！

部屬：「打擾了！A公司的山田有打電話來，是關於下星期的會議，現在報告方便嗎？」

主管：「嗯。」

部屬：「原本訂於下星期二下午2點要去拜訪A公司，但由於他們的淺井部長突然要出差，山田打來詢問可不可以更改日期，因此**想請課長提供下下星期兩、三個空檔時間**，我再與對方聯絡。」

主管：「這樣的話，24日（二）上午、26日（四）全天、27日（五）下午，那就麻煩你了。」

部屬：「那就是24日（二）上午、26日（四）全天和27日（五）下午，我明白了。由於這個會議關係到我們下半季的營業額，因此務必要見到淺井部長，也希望您能一同出席。那有後續我再過來報告。」

主管：「麻煩你了。」

※會話實例2【夫妻溝通篇】主導型先生VS.情感型太太

太太：「欸，幼稚園的畢業專題，我被分配到製作畢業紀念冊。」

先生：「喔喔～那很好啊！」

太太：「好？你別說得那麼輕鬆！我必須要製作所有人的小檔案耶！是所有人喔！」

先生：「（我哪裡輕鬆了？我在外面辛苦了一整天，才剛下班耶！但這個時候頂嘴，只會變成吵架，我還是摸摸鼻子，閉嘴算了。）所有人啊？那很累人呢！（其實根本搞不清楚要幹嘛。）」

太太：「我是因為工作脫不了身才會遲到，想不到他們竟然就把畢業紀念冊分配給我！而且我看了去年的畢業紀念冊，質感非常好！每個人的照片旁邊都有可愛的框框，上面寫著喜歡什麼啦或爸媽的一句話，而且是每個人都有喔！整本都貼著可愛的動物、可愛的小圖片，貼得滿滿的！吼～我到底該怎麼辦啦？」

先生：「你不是會電腦？用電腦弄一弄就好啦！」

太太：「哪有那麼簡單啊！要弄得比去年更好，做出更可愛的東西，不然今年的紀念冊絕對會被說很醜。」

先生：「那不然你請別人跟你換一下啊！沒有人能幫你嗎？」

太太：「怎麼可能啊！現在叫我去跟誰說啊？」

先生：「但是不說也不行啊。反正去年這麼厲害，誰來做都沒辦法超越，那你能做多少就算多少，盡力就好了啊。」

太太：「所以我說我很煩嘛！這可是孩子一輩子的回憶耶！你根本就不懂啦！」

先生：「……」

引爆點

- 面對太太沒有結論的抱怨，先生不專心的態度讓太太更為光火。
- 先生以為太太說的「我該怎麼辦啦？」是在尋求幫助，因而提出了各種他能想得到的解決方法。但其實太太只是想要有人附和，並沒有想要聽到解決方法，先生的反應反而讓太太感到更焦躁。
- 先生最後表示：「反正誰來做都沒辦法超越去年」，對於想替小孩做出最棒的畢業紀念冊卻做不出來的太太而言，這完全就是反效果的建議。

這樣說，大逆轉！

太太：「欸，幼稚園的畢業專題，我被分配到製作畢業紀念冊。」

先生：「喔喔！是喔？」

太太：「我是因為工作脫不了身才會遲到，想不到他們竟然把畢業紀念冊分配給我！而且我看了去年的畢業紀念冊，質感非常好！每個人的照片旁邊都有可愛的框框，上面寫著喜歡什麼啦或爸媽的一句話，而且是每個人都有喔！整本都貼著可愛的動物、可愛的小圖片，貼得滿滿的！吼～我到底該怎麼辦啦？」

先生：「**去年的畢業紀念冊做得這麼好啊？那你壓力很大耶！**」

太太：「對啊，這就是問題所在。一定要弄得比去年更好，做出更可愛的東西，不然今年的紀念冊絕對會被說很醜。」

先生：「就算硬要這樣比……」

太太：「對吧！就算會被說很醜，畢竟sense也不是說有就能有的，也不知道會被其他小朋友的媽媽說成什麼樣子……但這可是孩子一輩子的回憶耶，我一定要努力完成！」

先生：「對啊！**畢竟是一輩子的回憶，那你有想到什麼辦法了嗎？**」

太太：「現在已經沒辦法找人跟我換了，我只好拜託姊姊幫忙了。」

先生：「這樣也不錯，我會負責洗碗什麼的。如果有我能幫得上忙的地方，你再跟我說吧！」

太太：「謝囉！」

※會話實例3【商品解說篇】分析型客服人員VS.情感型顧客

顧客：「我買了你們家的攝影機，我想要問問怎樣把錄好的東西變成 DVD。」

客服人員：「（確認型號後）這已經是 HD 高畫質的影片了，也就是 DVD 影片的格式了。請問您要用什麼機器播放呢？」

顧客：「要用電腦看。（什麼是 DVD 影片的格式啊？）」

客服人員：「如果用電腦的話，畫質會變差喔，看起來會像 VHS 錄影帶一樣。理論上這台是可以錄到 HD 高畫質，把它存成檔案沒問題，但是如果想要看到像 DVD 這麼高畫質的影像，就必須用可以播放藍光的電腦才行。」

顧客：「呃……我當初就是為了把錄到的東西放在電腦上看，才會買這台攝影機的。你跟我說什麼畫質好還是差的，我聽不太懂啦。」

客服人員：「那是顧客您的自由，只是我有必要向您告知畫質會變差。」

顧客：「我剛剛有問過任何和畫質有關的問題嗎？我只是問你把錄好的東西變成DVD的方法而已，你知道我在問什麼嗎？」

客服人員：「是的，當然。只要把機器附屬的CD-ROM放進電腦就好了。」

顧客：「你這人說話怎麼這麼奇怪啊？叫你們負責人來！」

引爆點

- 顧客想要知道的事情和客服人員的說明，完全牛頭不對馬嘴。
- 客服人員因為過去曾經有顧客投訴「畫質太差」的經驗，因此在解說時自始至終都不斷強調畫質的好壞，不斷的鬼打牆。
- 顧客一直無法取得他所需要的資訊，因此對客服人員失禮的說話方式火冒三丈。而之後換成負責人來處理時，顧客早已把本來要問的問題拋諸腦後，抱怨的重點也變成是客服人員失禮的說話方式。

這樣說，大逆轉！

顧客：「我買了你們家的攝影機，我想要問問怎樣把錄好的東西變成 DVD。」

客服人員：「（確認型號後）這要看您是要用什麼機器播放，方法會不太一樣喔。您是希望用電視、電腦之類的機器播放嗎？」

顧客：「電腦。」

客服人員：「**我了解了。可是有一點要先提醒您**，如果使用機器附屬的 CD-ROM 輸出，畫質就會變得像 VHS 一樣差。如果您想要在電腦上播放畫質清晰的影片，就要用能夠播放藍光的電腦，這樣可以嗎？」

顧客：「我就是想用電腦看，但我家的電腦沒有藍光，畫質差就差吧。」

客服人員：「我了解了，**那我來說明一下步驟**。首先，您現在手邊有附屬的 CD-ROM 嗎？」

顧客：「嗯，有啊。」

客服人員：「請您將 CD-ROM 安裝到電腦上，接著用附贈的 USB 傳輸線將攝影機連接到電腦。（後略）」

顧客：「謝謝，我來試試看。」

※會話實例 4【商品解說篇】情感型客服人員 VS. 分析型顧客

顧客：「我買了你們家的攝影機，我想問問要怎樣把錄好的東西變成 DVD。」

客服人員：「（確認型號後）是的，我了解了。請問是要用什麼機器播放呢？」

顧客：「電腦。」

客服人員：「用電腦看的話，畫質會變差喔！可以嗎？」

顧客：「原因是什麼？」

客服人員：「會像 VHS 一樣畫質很差，但如果是可以播放藍光的電腦，就能輸出畫質清晰的影片。您的電腦有藍光嗎？」

顧客：「不對，我不是問這個問題，我要問是什麼原因讓畫質變差的？」

客服人員：「欸～我不是很清楚這部分的專業，但畫質似乎就是會變差。」

顧客：「好吧，那你告訴我說明書是寫在第幾頁？」

客服人員：「欸～這部分我要找一下，可能要花一點時間喔。」

顧客：「我知道了。那請你找個知道畫質為什麼會變差的人來跟我說。」

客服人員：「好的。（煩不煩啊？會變差就是會變差啊！）」

引爆點

- 顧客想要知道的事情和客服人員的說明，完全牛頭不對馬嘴。
- 客服人員沒興趣知道畫質變差的原因，所以也回答不出來。
- 顧客想要知道事情的原由，還希望客服指導步驟，因為在沒有通盤了解前，不願妄下判斷。為了得到想知道的資訊，顧客提議參考說明書，然而不拘小節的客服人員卻是一問三不知，顧客只能得到鬼打牆的回應。

這樣說，大逆轉！

顧客：「我買了你們家的攝影機，我想問問要怎樣把錄好的東西變成DVD。」

客服人員：「（確認型號後）是的，我了解了。請問是要用什麼機器播放呢？」

顧客：「電腦。」

客服人員：「**我了解了。有一點必須要事先提醒您，如果使用機器附屬的CD-ROM輸出成DVD，影片畫質可能會變差。**因為就算錄影時是高畫質，畫面只要經過編輯，就會降成一般畫質。」

顧客：「這樣啊。」

客服人員：「有時候大概會是VHS的畫質。以目前的技術而言，建議影片長度盡量控制在30分鐘以內，另外還必須使用能播放藍光的電腦，這樣就能欣賞到高畫質了。」

顧客：「我明白了。但我現在沒什麼時間了，畫質差就差吧。」

※會話實例5【客訴篇】自尊高的主導型顧客VS.情感型客服人員

顧客：「我是請你們幫我預訂飯店的竹內，但你們給的房型根本就不是正規的套房嘛！」

客服人員：「非常抱歉，請告訴我詳細的狀況。」

顧客：「床旁邊就是浴室的門，而且浴室根本就是透明的，從房間可以看得到浴室耶！我預約的時候，明明有說我是和家母一起旅行，怎麼會幫我訂這種房間呢？」

客服人員：「真的非常抱歉。您是與令堂同行吧！」

顧客：「這一點我很確定我在預約的時候有說！因為是我媽的生日，所以我拜託你們訂一間可以放鬆的房間，結果完全無法安心休息！浴室看得一清二楚，弄得我媽和我都很尷尬。現在整個行程都泡湯了，你們會負責吧？」

客服人員：「所謂的負責是指賠償的意思嗎？」

顧客：「你們有錯在先吧？搞清楚，我是你們公司的老客戶耶！你們造成顧客的困

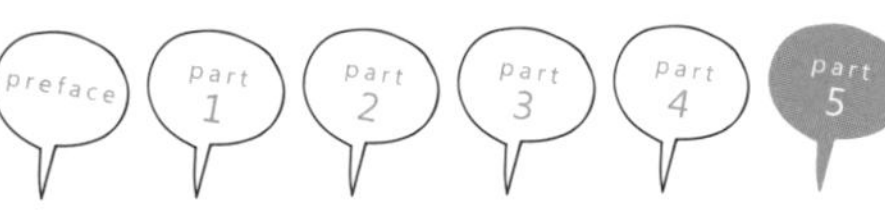

擾，賠罪什麼是一定要的吧！」

客服人員：「您現在還在入住中嗎？」

顧客：「我今天已經回到家了。」

客服人員：「要是您在入住時跟我們說的話，就可以馬上向飯店做確認……」

顧客：「你知道我是誰嗎？叫你們的負責人來！」

引爆點

- 客服人員完全沒意識到，自認為是老客戶的顧客感覺尊嚴受到傷害的憤怒。
- 在還沒有弄清楚誰是誰非，及尚未確認事實的狀況下，客服人員就先跟顧客確認所謂的責任是否指金錢上的賠償，如同在火上加油。而且客服人員語帶「入住中就算了，你都已經退房回家了，我現在做什麼都徒然無功」的意思，等於是在向顧客表示「早說我就能跟飯店確認了嘛。」更令顧客火冒三丈。

這樣說，大逆轉！

顧客：「我是請你們幫我預訂飯店的竹內，但你們給的房型根本就不是正規的套房嘛！」

客服人員：「非常抱歉，請告訴我詳細的狀況。」

顧客：「床旁邊就是浴室的門，而且浴室根本就是透明的，從房間可以看得到浴室耶！我預約的時候，明明就有說我是和家母一起旅行，怎麼會幫我訂這種房間呢？」

客服人員：「**預約的時候有告訴客服了啊……我了解了。**」

顧客：「沒錯，我很確定我預約的時候有說過！因為是我媽的生日，所以我拜託你們訂一間可以放鬆的房間，結果完全無法安心休息，浴室看得一清二楚！現在整個行程都泡湯了，你們會負責吧？」

客服人員：「**這次與令堂的旅行讓您感到十分不愉快，真的非常的抱歉，請問您現在人還在飯店嗎？**」

顧客：「我今天已經回到家了。」

客服人員：「這樣啊！真的非常非常的抱歉！」

顧客：「我是你們公司的老客戶耶！真是的！」

客服人員：「我這邊顯示您是竹內幸夫先生吧！非常謝謝您的愛用，**為什麼會幫您預訂這種房型，是不是飯店方面的調度出問題，我們這邊會立刻去確認原因，再請相關人員致電給您。**」

顧客：「知道就好！行程都泡湯了，你們要負責啊！」

客服人員：「造成您困擾的部分，相關人員會再與您聯絡，希望您可以給我們一點時間。」

各位讀者，讀完本書，您感覺如何呢？我想您應該已經了解到只要掌握住正確的會話技巧，處理客訴的結果也會大不相同。從今天起，請務必身體力行！

國家圖書館出版品預行編目(CIP)資料

神回覆!一開口就讓人SAY YES：21個令人怦然心動的回話關鍵 / 竹內幸子著 ； 克蘿夫人譯. -- 初版. -- 臺北市 ： 八方出版, 2018.09
面 ； 公分. -- (How ; 80)
ISBN 978-986-381-191-6(平裝)
1.說話藝術 2.口才 3.溝通技巧
192.32 107014250

How80
神回覆！一開口就讓人SAY YES
21個令人怦然心動的回話關鍵
作者 / 竹內幸子
譯者 / 克蘿夫人
發行人 / 林建仲
副總編輯 / 洪季楨
執行編輯 / 金　澤

出版發行 / 八方出版股份有限公司
地　址 / 臺灣台北市104中山區長安東路二段171號3樓3室
電　話 / (02)2777-3682　傳　真 / (02)2777-3672
E-mail / bafun.books@msa.hinet.net
Facebook / https://www.facebook.com/Bafun.Doing
郵政劃撥 / 19809050　戶　名 / 八方出版股份有限公司
總經銷 / 聯合發行股份有限公司
地　址 / 臺灣新北市231新店區寶橋路235巷6弄6號2樓
電　話 / (02)2917-8022　傳　真 / (02)2915-6275
定　價 / 新台幣290元
I S B N / 978-986-381-191-6
初版一刷2018年9月